McGraw-Hill Lectura

Maravillas

ENTRADA

McGraw-Hill Lectura

Maravillas

Mc
Graw
Hill
Education

Bothell, WA • Chicago, IL • Columbus, OH • New York, NY

Cover and Title pages: Nathan Love

www.mheonline.com/lecturamaravillas

Send all inquiries to:
McGraw-Hill Education
Two Penn Plaza
New York, New York 10121

ISBN: 978-0-02-126053-9
MHID: 0-02-126053-2

Printed in United States of America.

2 3 4 5 6 7 8 9 DOW 18 17 16 15 14

A

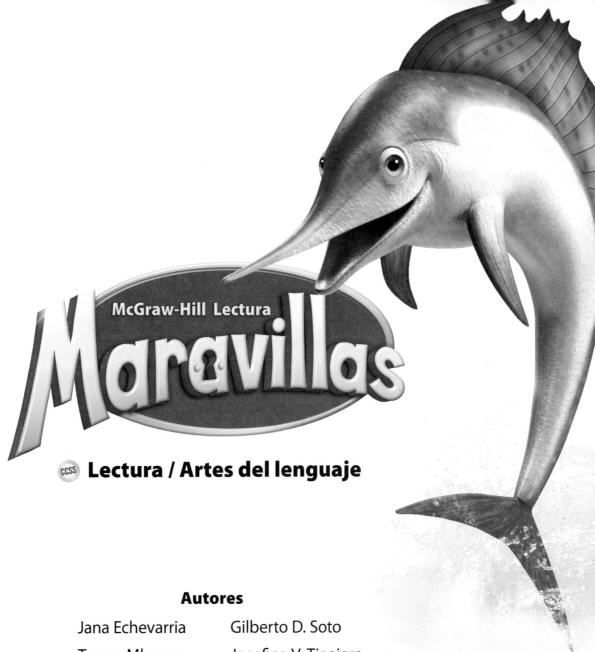

McGraw-Hill Lectura
Maravillas

CCSS **Lectura / Artes del lenguaje**

Autores

Jana Echevarria   Gilberto D. Soto

Teresa Mlawer   Josefina V. Tinajero

Mc Graw Hill Education

Bothell, WA • Chicago, IL • Columbus, OH • New York, NY

LA GRAN IDEA

Amigos y familia

4

¡Conéctate! Las lecciones están en http://connected.mcgraw-hill.com

UNIDAD 2

El misterio de los animales

(bc) Baby Bears by Bobbie Kalman. Reprinted with permission of Crabtree Publishing Company. Lee Cates/Photodisc/Getty Images

¡Conéctate! Las lecciones están en http://connected.mcgraw-hill.com

UNIDAD

3

¡Conéctate! Las lecciones están en http://connected.mcgraw-hill.com

UNIDAD 4

Nuestra vida, nuestro mundo

UNIDAD 5

Mejorar nuestro mundo

(b) SuperStock/SuperStock

 ¡Conéctate! Las lecciones están en http://connected.mcgraw-hill.com

UNIDAD

6

LA GRAN IDEA

¿Cómo es?

Lom
y los nudones

Kurusa
Ilustraciones de Isabel Ferrer

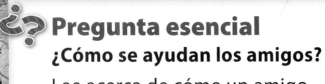

Pregunta esencial
¿Cómo se ayudan los amigos?
Lee acerca de cómo un amigo
ayuda a otro a solucionar
un problema.

¡Conéctate!

Lom, el león, vivía **solitario** en una cueva.
Todos los días se sentaba sobre una gran roca
y se rascaba.

—¡Ay! ¡Me pica! —decía.

Un día, apareció por allí el Garzón Soldado.

—¿Qué te pasa, Lom? —preguntó.

—¡Ay! Es que me pica —se quejó Lom.

—Tienes que peinarte —dijo el Garzón Soldado.

—Yo nunca me peino —contestó Lom.

—Mmmmmm —dijo el Garzón Soldado—.
Qué interesante. Veo migas de pan, chicle y unos
moquitos. También veo unos nudones.

—¿Nudones? —preguntó Lom.

La **melena** de Lom estaba llena de nudos,
nuditos, nudotes y nudazos. Y en los nudos, los
nudones habían comenzado a hacer sus nidos.

—¡Ayy! ¡Cómo me pica! —gritaba Lom.

—Si te peino, los nudones se irán —dijo el Garzón
Soldado—. ¿Te peino?

—¡No! —rugió Lom.

Pica, pica, pica.

Rasca, rasca, rasca.

—¿Hasta cuándo me va a picar? —gritó Lom.

—Hasta que te peines —dijo el Garzón Soldado.
Y siguió su camino.

AHORA COMPRUEBA

Visualizar ¿Qué ocurriría con los nudones si Lom se peinara? Aplica la estrategia de visualizar para ayudarte a comprender cuál es el problema de Lom.

17

Mientras tanto los nudones **se acomodaron** en la
melena de Lom a comer miguitas. Y susurraban:
—¿Y qué tal si invitamos a nuestros primos los
piojones?

Y Lom gritaba: —¡Ay! ¡Me pica!

Por fin, Lom no aguantó más y salió en busca del Garzón Soldado.

—Ya me puedes peinar —le dijo.

—¡Qué bien! —dijo el Garzón Soldado. Pero el peine **se atascaba** en medio de los nudos y los nudazos.

—El peine no pasa —dijo el Garzón Soldado—. Tendré que cortarte la melena.

—¿Cortar mi melena roja? ¡Jamás! —rugió Lom.

Los nudones seguían gozando. De vez en cuando se acordaban de sus primos los piojones: —¿Los invitamos o no los invitamos?

—¡Ay! ¡Ayyy! ¡Ay! —gritaba Lom—. No soporto más.

Y salió en busca del Garzón Soldado.

—Ya puedes cortarme el pelo —dijo Lom.

—¡Qué bien! —dijo el Garzón Soldado.

Afiló su largo pico y…

¡CLAC! ¡CLAC! ¡CLAC!

Cortó la gran melena roja.

—¡Ya no me pica! —gritó Lom.

—Ya no tienes nudos ni nudones —dijo el Garzón
Soldado—. Pero… tampoco tienes tu melena.

Lom se miró en el río. ¡Qué susto!

—¡Uy! ¿Ese pinchudo tan feo soy yo?

—¡Síííííííí! —rieron todos los animales de
la sabana—. Lom es un puercoespín.

23

Lom se escondió en su cueva. **Apareció** el Garzón Soldado y asomó su largo pico.

—¿Qué te pasa, Lom? —preguntó.

—Todos los animales se burlan de mí. Y tengo frío. Siento el viento en mi lomo —suspiró Lom.

—Tu melena volverá a crecer. Toma este peine. Ahuyentará a los nudones —dijo el Garzón Soldado y siguió su camino.

AHORA COMPRUEBA

Visualizar ¿Por qué Lom se esconde en la cueva? Aplica la estrategia de visualizar para ayudarte a comprender cuál es el problema de Lom.

25

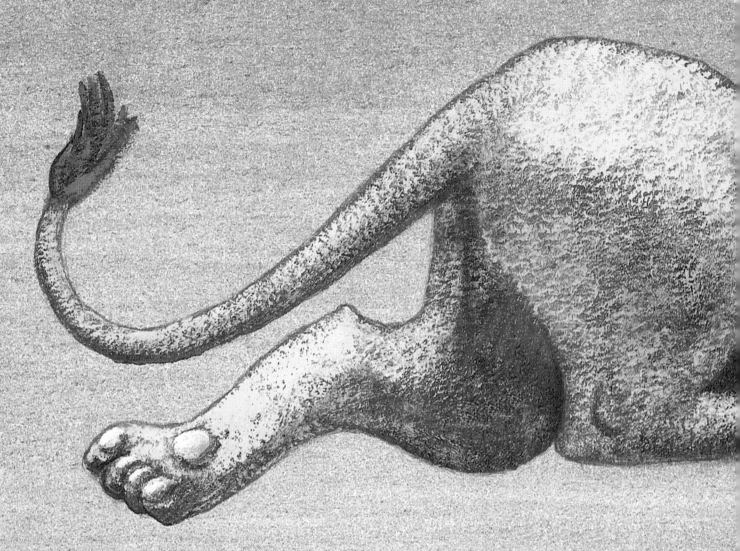

—No soy un puercoespín —repetía Lom—. Soy
un león.

De repente, oyó un ruidito en la entrada de
la cueva.

—¿Quién anda por ahí? —preguntó.

Silencio.

Lom se levantó. El ruidito cesó. Lom se sentó.
El ruidito volvió a empezar.

—¡AAAAAAAARRRGGH! —rugió Lom—. ¿Quién está allí?

Al pie de la roca había un bebé puercoespín.
Lom miró al puercoespín. El puercoespín miró a Lom:
—¡Mamá! ¡Te encontré! —gritó feliz el puercoespincito
y de un salto le dio a Lom un beso pinchoso en la nariz.

—¡No soy un puercoespín! —gritó Lom—. ¡Y no soy
tu mamá!

El bebé puercoespín tocó el pelo pinchoso de Lom.

—Pinchas como mi mamá —dijo—. ¡Eres mi mamá!

29

El puercoespín subió por la pierna de Lom y se sentó en su espalda. Feliz, se acurrucó como una pequeña pelota y se quedó dormido.

–¡AAAARGHHHH! —rugió Lom—.

Aagghhhh arghhhhh –suspiró.

Sacó el gran peine que le había dado el Garzón Soldado y empezó a peinarse.

Y desde entonces, Lom se peina todos los días.

33

Con peines y tijeras

Kurusa

nació en Caracas, Venezuela. Es una gran viajera y le gustan mucho el mar y los veleros. Vive en Caracas con su hija y varios animales. Y un secreto: siempre soñó con tener una salvaje melena roja.

Isabel Ferrer

nació en Barcelona, España. Se licenció en Biología y luego estudió ilustración en La Llotja. En el año 2002 ganó el premio Merce Llimona como ilustradora. Le gusta dibujar todo tipo de animalitos, particularmente nudones.

(l) Carmen Diana Dearden; (r) Carmen Diana Dearden

Propósito de la autora

Mira en las ilustraciones las diferencias entre la melena de Lom al principio y al final del cuento. ¿Crees que la autora nos quiere enseñar algo?

Respuesta a la lectura

Resumir

Usa los detalles importantes del cuento para resumir cómo ayudó el Garzón Soldado a Lom. Ayúdate con la tabla de detalles clave.

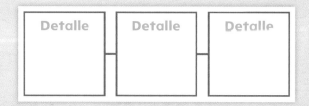

Detalle	Detalle	Detalle

Evidencia en el texto

1. ¿Cómo sabes que *Lom y los nudones* es una fantasía? **GÉNERO**

2. ¿Qué hizo el Garzón Soldado para ayudar a Lom? **DETALLES CLAVE**

3. Usa lo que sabes acerca de terminaciones para explicar el significado de la palabra *pinchoso* en la página 28. **TERMINACIONES**

4. Escribe acerca de por qué es importante la ayuda de los amigos. **ESCRIBIR SOBRE LA LECTURA**

Haz conexiones

¿Cómo puede un amigo ayudar a otro? **PREGUNTA ESENCIAL**

¿Cómo puede un amigo ayudarte a resolver un problema o a hacer algo que no puedes hacer solo? **EL TEXTO Y EL MUNDO**

CCSS **Género** • Poesía

Compara los textos

Lee acerca de dos niñas que juegan al fútbol.

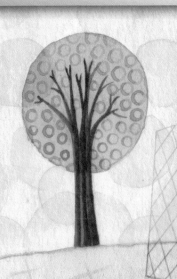

La pierna izquierda

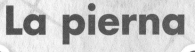

Jugando fútbol, Fátima se cayó.
"¡Ay!", qué dolor sintió.
Su amiga María, al médico la acompañó.
El médico gritó: "¡Esta pierna se rompió!"

María no lo entendía.
Fátima no lo creía.
"Vaya alegría", pensó,
"¡el fútbol se me acabó!"

La pierna derecha ya no dolía,
parecía dormida, no se movía.
Ahora Fátima se aburría:
 "¿Qué haré todo el día?"

María le decía:
"Podemos hablar, pintar y cantar".
Y Fátima respondía:
"¡Pero fútbol no podemos jugar!"

María lo pensó y lo pensó,
y por fin lo entendió:
"Si una pierna se durmió,
la otra se despertó".

Ahora María lanza la pelota,
con la pierna izquierda,
Fátima la para, la coloca,
¡y hasta el gol la bota!

Mara Mahía

Haz conexiones

¿En qué sentido Fátima **depende** de María? PREGUNTA ESENCIAL

Piensa en las distintas **acciones** de los amigos de los que leíste esta semana. ¿En qué se parecen? EL TEXTO Y OTROS TEXTOS

¿? Pregunta esencial

¿En qué se parecen y en qué se diferencian las familias en todo el mundo?

Lee acerca de dos familias que viven en las orillas opuestas de un río.

 *¡Conéctate!*

La otra orilla

Marta Carrasco

El río suena día y noche con su **murmullo** de piedras.

Esta es nuestra **orilla**. Mi madre canta
mientras trabaja y su voz se oye
sobre el rumor del río.

En la otra orilla, hay un poblado **lejano**.
Dicen que allí la gente es distinta,
que comen comidas raras, que nunca
se peinan, que son vagos y bochincheros.

Está prohibido cruzar el río.
—No debes ir nunca a la otra
orilla —ordena mi padre.
—No los mires —dice mi
madre—. Son distintos.

Yo escucho mientras peino mi pelo liso
con mi peineta de hueso.
Y los de la otra orilla, ¿qué dirán de nosotros?

AHORA COMPRUEBA

Visualizar ¿Cómo crees que son
las personas de la otra orilla?

Un día, un niño de allá me hizo señas.
Yo miré hacia otro lado. Pero él siguió allí.

Finalmente, yo también levanté los brazos
para saludarlo. Alcancé a ver que sonreía.
No sé por qué, yo también sonreí.

Al día siguiente, muy temprano, fui a la orilla del río y me encontré con una sorpresa.

Allá, en la otra orilla, divisé a mi amigo. Tenía en la mano una larga cuerda que atravesaba el río.

Poco a poco se acortó la **distancia**
que nos separaba. El corazón me latía
dum dum, dum dum.

De pronto, el sol desapareció;
se encresparon las aguas y un rayo
iluminó el cielo. **Retumbaron** truenos
a lo lejos. Sentí miedo y me acurruqué.

Cuando llegué a la otra orilla,
mi amigo me ayudó a bajar.
Sus manos estaban muy tibias.

Luego, me guareció bajo su pañolón
y corrimos bajo la lluvia.

Su familia nos esperaba. Eran muy raros:
rubios y despeinados, vestidos
de muchos colores.

Hablaban gritando y todos al mismo tiempo.
Quise regresar…

Pero en ese momento sentí un olor delicioso:
un olor a pan recién sacado del horno.
¡Era el mismo olor del pan de mi casa!

La madre nos sirvió leche caliente y se me pasó
el frío que traía de afuera.

El padre es pescador, como mi papá.

La abuela teje chales, como mi abuela.

Los chicos juegan con las piedras del río,

como mi hermano.

Nos hicimos amigos. Él es Nicolás
y yo soy la Graciela.
Somos distintos y también muy **parecidos**.

AHORA COMPRUEBA

Visualizar ¿En qué se parecen y en
qué se diferencian Graciela y Nicolás?

Es una amistad secreta, por ahora.
Pero los dos tenemos un sueño.
Cuando seamos grandes, construiremos
un puente sobre el río.

Así los de allá cruzarán a visitarnos,
los de acá iremos a verlos millones de veces

y sobre el rumor del río se escucharán
los saludos y las risas.

Conozcamos a Marta Carrasco

Nació en Santiago de Chile. Le gustaba dibujar, pintar y fabricar muñecos. Marta ha escrito e ilustrado muchos libros para niños. Fue la creadora de un personaje de televisión llamado "Tata Colores". Escribió: "Las ilustraciones de este libro fueron hechas en témpera sobre cartón piedra y realizadas con la esperanza de que los distintos de este mundo puedan conocerse y comprenderse".

Propósito de la autora

Los autores escriben por distintos motivos. A veces, quieren contar una historia entretenida. Otras veces, quieren enseñar una lección a sus lectores. ¿Por qué crees que Marta escribió este cuento?

Respuesta a la lectura

Resumir

Piensa en los detalles importantes de los personajes, el ambiente y los sucesos para resumir el cuento. Usa la tabla de personajes, ambiente y sucesos como ayuda para ordenar tus ideas.

Personaje	Ambiente	Sucesos

Evidencia en el texto

1. ¿Cómo sabes que el cuento *La otra orilla* es una ficción realista? GÉNERO

2. ¿Cómo se siente Graciela cuando llega a la casa de Nicolás? Usa detalles del cuento para apoyar tu respuesta. PERSONAJE, AMBIENTE, SUCESOS

3. Usa lo que sabes sobre raíces de palabras y terminaciones para descubrir el significado de la palabra *pañolón* en la página 45 del cuento. RAÍCES DE PALABRAS

4. Escribe por qué Nicolás y Graciela se hicieron amigos. ESCRIBIR SOBRE LA LECTURA

Haz conexiones

¿En qué se parecen y en qué se diferencian las familias de Nicolás y de Graciela? PREGUNTA ESENCIAL

¿Por qué la gente le teme a las personas que son diferentes? EL TEXTO Y EL MUNDO

59

De aquí y de allá

Las familias alrededor del mundo hacen algunas cosas de la misma manera. Y hacen otras cosas de manera diferente. Vamos a ver cómo viven familias de diferentes **culturas**.

Todas las familias necesitan un hogar. Algunas familias viven en grandes ciudades. Pueden vivir en edificios de apartamentos de varios pisos. Muchas familias viven en el mismo edificio.

Algunas familias viven cerca del agua. Algunas familias viven en casas sobre pilotes. Los pilotes son postes altos, que ayudan a proteger las casas del agua.

Edificios de apartamentos en Estados Unidos y Dinamarca

Casas sobre pilotes en Chile

Tamales mexicanos

Una familia coreana comparte una comida.

Todas las familias comparten la comida. La comida de una familia está muy relacionada con la cultura. Algunas familias también comen comidas de otras culturas.

Algunas familias de Corea comen arroz y pescado. La comida de México incluye, a menudo, arroz y frijoles. La pasta es una comida común de Italia.

Un plato de pasta

(t) Asia Images Group/Getty Images (tr) FoodCollection/SuperStock (b) BananaStock/PunchStock

61

Una familia
de Japón

Las personas de una familia hablan entre sí.
Diferentes familias hablan **idiomas** diferentes. La
manera en la que se hablan las personas de una
familia está muy relacionada con la cultura.

En japonés, al abuelo se
le suele llamar *ojiisan*, y a
la abuela, *obaasan*.

En Sudáfrica, cuando
las familias se visitan,
se saludan diciendo
¡sawubona!

Quiere decir *¡hola!*

Una familia de Sudáfrica

Una familia
de la India

Una familia de
Estados Unidos

Todas las familias tienen celebraciones. En India, las familias celebran la fiesta de *Diwali*. Afuera de las casas, se encienden hileras de lámparas llamadas *dipa*. En Estados Unidos, las familias celebran el Día de la Independencia. Hay fuegos artificiales y desfiles.

¿Qué celebras tú con tu familia?

¿? Haz conexiones

¿En qué se parecen y en qué se diferencian estas familias del mundo? **PREGUNTA ESENCIAL**

¿En qué se parecen las familias de este texto a otras familias sobre las que leíste? ¿En qué se diferencian? **EL TEXTO Y OTROS TEXTOS**

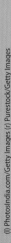

Pregunta esencial

¿Cómo puede una mascota ser un buen amigo?

Lee acerca de un niño que se comunica con su perro.

¡Conéctate!

¡VAYA CON MI AMIGO BARTOLO!

Aída E. Marcuse
Ilustraciones de María Lavezzi

—¡Ven, Bartolo!

En cuanto lo llamo, mi perro corre hacia mí.

—¡Mi primo Luis me envió este correo.
El perro salta sobre mis rodillas y yo leo:

Querido Víctor:

¿Cómo estás? Te escribo para
decirte que mis padres y yo
pasaremos este fin de semana
en tu casa. Así que...
¡ve pensando qué haremos
para divertirnos!
Tengo muchas ganas de
verte. Recibe un abrazo por
adelantado. Saludos,

Luis

Bartolo no puede quedarse quieto hasta que
yo termine la lectura. Salta al suelo y brinca
a mi alrededor.

—¿Qué haremos cuando llegue Luis? ¿Se te
ocurre algo? —le digo cuando se sienta a mi lado.

Ya no llueve. Bartolo **corretea** en el jardín,
escarba al pie de un árbol, desentierra un hueso
y me lo trae.

—¡Eso no! ¡No vamos a hacer hoyos y enterrar
huesos en el jardín, como tú!

Bartolo vuelve al jardín con su hueso, y ve al gato, que mira a un pájaro en la rama de un árbol.

El perro se acerca al gato distraído y ladra, casi en su oreja:

—¡Guauuuuuguauuu!

El gato da un **brinco**, el pájaro vuela a una rama más alta, y Bartolo ladra, contento con su travesura.

—¿Qué tal si me ayudas a pensar qué haremos cuando llegue mi primo? —le recuerdo.

Bartolo salta con las cuatro patas adentro de un charco y chapotea.

—¡Sí, eso mismo! El viernes llevaremos a Luis a nadar en el lago.

AHORA COMPRUEBA

Hacer y responder preguntas
¿Cómo se comunican Víctor y Bartolo? Vuelve a leer para hallar la respuesta.

—El sábado, si está lindo, iremos a jugar al
fútbol con mis amigos. Y si llueve, podemos
jugar a los bolos. Después iremos a comer una
hamburguesa y al cine.

En cuanto digo "comer", Bartolo menea la cola.

—Sí, ya sé, a ti también te gustan las hamburguesas.

—¡Guauuuu! —**asiente** Bartolo y sonríe de oreja a oreja.

—El domingo comeremos todos en casa de los abuelitos. Mis tíos y Luis se marcharán después de cenar, y habremos pasado un fin de semana excelente, ¿verdad?

Bartolo se sienta sobre sus patas traseras y me mira fijo. Yo sé qué quiere decir esa mirada.

—¡Por supuesto, Bartolo! ¡Eres mi mejor amigo! Vendrás a todos lados con nosotros. Pero no agarres la pelota de fútbol con el hocico y la lleves fuera de la cancha.

AHORA COMPRUEBA

Visualizar ¿Qué quiere decirle Bartolo a Víctor? Aplica la destreza de visualizar para ayudarte a entender el cuento.

Bartolo levanta las orejas, ofendido.

—Está bien, no te enojes, hacías eso cuando eras cachorro y ahora eres grande —le acaricio la cabeza para calmarlo.

—Te daré unas **migajas** de mi hamburguesa —agrego.

—¡Guauuuu! —Bartolo menea la cola, contentísimo.

Se echa de espaldas y yo le hago **cosquillas** en la **panza**.

Bartolo sabe que siempre comparto con él
lo que como, incluso aquello que no me gusta,
como el repollo.

El perro apoya las patas delanteras
en mi pecho.

—¡Basta, Bartolo, déjame! —lo regaño
en vano. El perro se estira un poco y me
lame la cara.

—¡Ya, basta, te digo!

Pero esa es su forma de decirme cuánto me quiere, así que siguió.

—¡Guau, guau, guauu! —Bartolo me deja en paz, baja al suelo y da varios ladriditos.

—Gracias, Bartolo, con tu ayuda hicimos un buen plan para la visita de mi primo.

Bartolo suspira de felicidad, se acuesta a mis pies, cierra los ojos y se duerme.

CUENTOS CON MASCOTAS

Aída E. Marcuse nació en Montevideo, Uruguay. Vivió en Buenos Aires, Caracas, Lima y Miami, Estados Unidos. Cuando no está escribiendo libros para niños, es traductora literaria, hace jardinería, cocina o está viajando. ¡Y todavía tiene tiempo para ocuparse de su perro y de sus gatos!

María Lavezzi nació en Buenos Aires, Argentina. Desde muy pequeña sintió fascinación por el dibujo y la pintura. Obtuvo varios premios en áreas como el grabado y el dibujo. En la actualidad se dedica a la ilustración infantil y a la docencia.

PROPÓSITO DE LA AUTORA

Aída nos cuenta cómo se comunican entre sí un niño y su perro. ¿Por qué crees que escribió sobre este tema?

RESPUESTA A LA LECTURA

Resumir

Usa los detalles importantes del cuento para resumir qué le sucede a Víctor. Ayúdate con la tabla de personaje, ambiente y sucesos.

Personaje	Ambiente	Sucesos

Evidencia en el texto

1. ¿Cómo sabes que ¡Vaya con mi amigo Bartolo! es una ficción? **GÉNERO**

2. ¿Cómo se siente Víctor cuando recibe el mensaje de su primo? **PERSONAJE, AMBIENTE, SUCESOS**

3. ¿Qué significa la palabra *vano* en la página 81? Usa el contexto para que te ayude a comprender el significado. **CLAVES DE CONTEXTO**

4. Escribe acerca de cómo una mascota nos hace compañía. **ESCRIBIR SOBRE LA LECTURA**

Haz conexiones

¿Cómo puede un perro ser un buen amigo?
PREGUNTA ESENCIAL

Piensa en lo que aprendiste en este cuento. ¿Cómo puede ser la amistad entre los niños y sus mascotas? **EL TEXTO Y EL MUNDO**

Compara los textos

Lee acerca de la **amistad** entre una niña y su gato.

Sabrina Dieghi

El gato soñador

Mi gato sueña

que es marinero

y con su dueña

va en un velero:

surcando mares

llega a lugares

del mundo entero.

Sigue soñando,

mi buen amigo,

porque yo quiero

viajar contigo.

Hilario Morado

¿? Haz conexiones

¿En qué sentido es un buen amigo esta mascota? **PREGUNTA ESENCIAL**

En lo que leíste esta semana, compara cómo **se relacionan** las personas y los animales. **EL TEXTO Y OTROS TEXTOS**

Lola y Tiva

Una extraña amistad

Contado por **JULIANA, ISABELLA** *y* **CRAIG HATKOFF**

Fotografías de **Peter Greste**

Pregunta esencial

¿Cómo cuidamos a los animales?

Lee acerca de una niña
que cuida a su rinoceronte.

¡Conéctate!

En Kenia (África), existe un lugar muy especial. Es la Reserva Natural Lewa. Lewa es muy grande. Allí los animales andan sueltos y los guardabosques los cuidan. Una niña pequeña llamada Tiva vivía en la reserva con su familia. Su padre trabajaba en Lewa.

En Lewa, todos sabían que Tiva quería tener
un perrito. Pero eso no estaba **permitido**.
Entonces, buscaron una mascota diferente
para Tiva: una joven rinoceronte negra
llamada Lola. Para Tiva, Lola era como
un cachorrito. Las dos se hicieron grandes
amigas. Esta es su historia, una historia real.

Lola nació en Lewa. Su mamá rinoceronte era ciega. Durante sus primeros días de vida, Lola se quedó junto a su madre. Se alimentó con su leche. Pero en cuanto pudo caminar, **se alejó** y se fue a otra zona de Lewa. La mamá no podía ver que Lola se apartaba. Si no estaba cerca para alimentarla y protegerla, Lola corría peligro.

Animales sueltos en Lewa

Lola no tenía comida. En cualquier momento podía atacarla un animal **hambriento**. No sabía dónde estaba su mamá. La mamá era ciega y no podía encontrarla. Los guardabosques de Lewa empezaron a buscar a Lola. Cuando la hallaron, la llevaron a un **refugio** que estaba cerca de la casa de Tiva. Allí Lola estaría fuera de peligro.

Tiva estaba **entusiasmada** con la llegada de Lola. Como cualquier bebé, Lola **necesitaba** muchos **cuidados**. Necesitaba tomar leche. Tiva aprendió a alimentarla. Lola bebía cinco biberones de leche por día. ¡Y cada biberón tenía casi un galón!

Tiva amaba a Lola. Lola parecía un cachorro gigante.

Quería trepar a cualquier lado.
Lamía y olfateaba todo.

Lola pide comida
durante la cena.

AHORA COMPRUEBA

Hacer y responder preguntas ¿En qué se
parece Lola a un cachorro gigante? Vuelve
a leer el texto para hallar la respuesta.

Como cualquier mascota, Lola no quería posar cuando Tiva intentaba fotografiarla. Quería dormir la siesta.

Pero sí le gustaba que Tiva le acariciara la cabeza.

Claro que los rinocerontes no son iguales a los perros. Tampoco comen alimento para perros. Cuando Lola tuvo unos cinco meses, empezó a alimentarse como un rinoceronte de verdad. Comía arbustos, ramas y hojas. Los rinocerontes tienen el labio superior en forma de gancho. Les sirve para agarrar comida. Lola podía rodear ramitas y hojas con el gancho. Sin embargo, todavía le gustaba la leche.

Los rinocerontes que viven en **libertad** suelen ser tímidos. Casi siempre se alejan si ven o huelen a una persona. Pero Lola era muy joven. Todavía no temía a las personas. Así, Tiva y los guardabosques se convirtieron en su familia.

A los rinocerontes bebés se los llama "crías". Sus mamás las cuidan durante dos años. Lola necesitaba que alguien la cuidara. Entonces, Tiva se convirtió en su mejor amiga.

Lola necesitaba muchos cuidados. Tiva le sacaba los insectos, porque podían enfermarla. Las aves se comen los insectos que hay en la piel de los animales que viven en libertad. Pero las aves no podían ayudar a Lola. Siempre estaba rodeada de muchas personas.

También había que bañar a Lola, ¡pero tenían que ser baños de lodo! Los rinocerontes se revuelcan en el lodo. Es algo muy importante para ellos.

El lodo protege la piel de los rinocerontes del sol. Al secarse, el lodo forma una capa que también los defiende de los insectos.

Tiva le enseñó a Lola a revolcarse en el lodo. No es fácil. Hace falta mucha práctica.

Los rinocerontes no tienen que quitarse el lodo con que se bañan. ¡Pero las niñas sí!

Lola y Tiva pasaban juntas el día entero.

Lola aprendía las cosas que hacen los
rinocerontes. Tiva aprendía mucho sobre
la amistad.

Se divertían tanto que al final del día estaban
agotadas.

Ahora Lola ya es casi adulta. Ya es muy grande para jugar con Tiva como antes.

Los momentos que pasaron juntas siempre serán especiales. Después de todo, una niña nunca olvida a su mejor amiga.

AHORA COMPRUEBA

Hacer y responder preguntas ¿En qué cambiaron Lola y Tiva? Vuelve a leer el texto para hallar la respuesta.

Una carta de Juliana, Isabella y Craig Hatkoff

Queridos lectores:

¿Qué puede hacer una niña en África si no la dejan tener un perrito? ¡Tener un rinoceronte! Bueno, esto es posible si la niña vive en una reserva natural,

como Tiva. Cuando vimos las fotos de Lola y Tiva jugando, nos enamoramos de su historia. Creemos que los niños que aman a los animales, desean alimentar y cuidar a un animal salvaje, hacerse su amigo. Ojalá disfruten de la historia de Lola y Tiva.

Con mucho cariño les enviamos nuestros deseos de paz,

Craig, Juliana e Isabella Hatkoff

Peter Greste

Peter saca fotos para un periódico. Una de sus historias muestra la amistad entre un hipopótamo bebé y una tortuga gigante.

Propósito de los autores

Los autores escriben con un motivo o propósito. ¿Por qué escribieron este libro sus autores? Usa ejemplos del texto para apoyar tu respuesta.

Respuesta a la lectura

Resumir

Usa detalles clave para resumir los cuidados que necesita una cría de rinoceronte negro. Explica también qué hizo Tiva para dar a Lola esos cuidados. La información de la tabla de detalles clave puede serte útil.

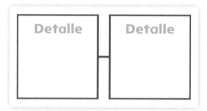

Evidencia en el texto

1. ¿Cómo sabes que *Lola y Tiva* es un texto de no ficción? GÉNERO

2. Observa la foto de la página 90. ¿Qué detalle clave aparece en la foto? DETALLES CLAVE: USAR FOTOGRAFÍAS

3. ¿Cuál es la raíz de la palabra *posar* en la página 97 del texto? RAÍCES DE PALABRAS

4. Escribe sobre las cosas que hizo Tiva para cuidar a Lola. Usa los detalles clave de las fotografías como ayuda para responder la pregunta. ESCRIBIR SOBRE LA LECTURA

 Haz conexiones

¿Cómo cuidaban Tiva y su familia a Lola?
PREGUNTA ESENCIAL

¿Conoces otros casos de amistad entre animales y personas? Comenta a un compañero qué hacían esos amigos para cuidarse entre sí. EL TEXTO Y EL MUNDO

Compara los textos

Lee acerca de los cuidados que reciben los animales en los refugios.

¿Qué necesitan los animales?

Ana es la encargada de un refugio de animales. Le hicimos preguntas sobre los **cuidados** que reciben los animales allí. En esta entrevista, luego de la letra **P** están las preguntas que hicimos, y luego de la letra **R** están las respuestas de Ana.

Ana es la dueña del refugio "Mis amigos, los animales".

P: ¿Qué es un refugio de animales?

R: Un refugio de animales es un lugar donde están aquellos que necesitan un dueño que los cuide.

P: ¿Qué animales viven en el refugio?

R: Aquí tenemos perros, gatos y conejos.

P: ¿Cómo se aseguran de que los animales reciban los cuidados que **necesitan**?

R: No es fácil. Necesitan comida, agua, aire y un lugar donde estén protegidos. Además, cada animal precisa cuidados distintos. Algunos, como los perros, comen carne.

Los cuidados que necesita un cachorro son distintos de los que precisa un perro adulto. Para crecer, el cachorro tiene que comer más veces por día.

Otros, como los conejos, comen verduras. A los perros, que necesitan hacer ejercicio, los saco a pasear con la correa. Pero si hiciera eso con un gato, ¡se enojaría mucho! No le estaría dando los cuidados que necesita.

P: ¿Hay otras personas que trabajan en el refugio?

R: Tenemos un veterinario, que es el médico de los animales. Él se ocupa de cuidar su salud.

Haz conexiones

¿Cómo cuidan a los animales en este refugio? **PREGUNTA ESENCIAL**

Piensa en los animales sobre los que has leído esta semana. ¿En qué se parecen los cuidados que necesitan? **EL TEXTO Y OTROS TEXTOS**

Las familias trabajan juntas

Pregunta esencial

¿Qué ocurre cuando las familias trabajan juntas?

Lee sobre una familia en la que todos trabajan juntos en una granja.

¡Conéctate!

¿Cómo funciona una granja familiar?

Son las 3:45 de la mañana de un martes. Mary Gelder está lista para ir a trabajar. Ella y su madre viajan muchos kilómetros desde su granja, en Michigan, hasta Chicago. Venden frutas y verduras en un mercado agrícola. Los **clientes** visitan su puesto para comprar alimentos frescos. "Me encanta ver quién va a comer los alimentos que mi familia cultivó con tanto esfuerzo", dice Mary. Luego de un largo día, regresan a casa. El sábado volverán a este mercado.

Pero aún no termina su día de **trabajo**. Realizan **quehaceres** diferentes cada día. La familia planta, riega y recoge frutas y verduras.

Courtesy of Ellis Family Farms and Christina Gelder

AHORA COMPRUEBA

Hacer y responder preguntas ¿Qué trabajo realiza la familia Gelder todos los martes? Vuelve a leer para encontrar la respuesta.

Otra de las tareas es cuidar de las gallinas. Sus hermanos arreglan camiones y tractores. **Revisan** las **herramientas**, como las palas y los taladros. La madre de Mary, René, se ocupa del dinero y de los trabajadores.

La familia Gelder **elige** qué plantar, según la demanda. En verano, la gente quiere fresas. Entonces, plantan una gran cantidad. A veces, venden menos fresas de las que tienen.

Con la fruta que sobra, hacen mermeladas. "¡Me encantan las fresas!", dice Mary. "Es fantástico comer mermelada en invierno, cuando no hay fresas frescas".

Producción y consumo

Algunas personas producen las mercancías que la gente compra. Quien compra una mercancía o producto, es un consumidor. Veremos una lista de productos y quiénes los consumen.

Producto	¿Quién lo consume?
Bicicletas	Niños y atletas
Libros	Lectores, maestros y estudiantes
Alimentos	Personas y animales
Automóviles	Conductores

La granja de la familia Gelder produce manzanas y otras frutas.

La gente compra mermelada y alimentos frescos en el puesto de la familia Gelder.

Dirigir una granja **cuesta** dinero. La familia trata de ahorrar. Compraron un calefactor a leña que se utiliza al aire libre. Con los árboles más viejos hicieron leña para calentar su hogar y el granero. Esto los ayudó a **gastar** menos dinero cuando hace frío. "Nos ayudamos y ayudamos al medio ambiente", dice René. "¡Estoy orgullosa de mi familia y de nuestra granja!".

Respuesta a la lectura

1. ¿Cómo sabes que *"Las familias trabajan juntas"* es un texto expositivo? **GÉNERO**

2. ¿Cómo hace la familia Gelder para trabajar junta? Usa detalles para apoyar tu respuesta. **DETALLES CLAVE**

3. Aplica lo que sabes sobre terminaciones para hallar el significado de *ayudó* en esta página. **TERMINACIONES**

4. ¿Cómo ayuda a otras personas el trabajo de la familia Gelder? **EL TEXTO Y EL MUNDO**

Compara los textos

Lee por qué la gente fabrica
bienes y presta servicios.

¿Por qué trabajamos?

Mira a tu alrededor. Las cosas que ves,
fueron producidas, o fabricadas, por una persona
en el trabajo. Estas cosas se llaman bienes.

Algunas personas prestan u ofrecen servicios.
Los servicios son actividades que realizan
las personas.

Los oficiales de policía y los bomberos prestan el servicio de ayudar a los demás.

En las fábricas, las personas producen bienes, como los automóviles.

Los maestros y los camareros prestan servicios. Un maestro ayuda a los estudiantes a aprender. Un camarero lleva la comida a tu mesa.

Cuando fabrican bienes o prestan servicios, las personas ganan dinero. Así pueden comprar más bienes y servicios que **cuestan** dinero. Quien compra cosas, es un consumidor.

Los artículos que debes tener para vivir son necesidades, como la comida o la ropa. A veces, deseas tener otras cosas. Esas cosas son deseos, como los juegos o los libros.

¿Y tú? ¿Crearás bienes o prestarás servicios? ¡Tú decides!

Haz conexiones

¿Qué sucede cuando las personas trabajan juntas?
PREGUNTA ESENCIAL

¿De qué manera trabajan juntas las personas para que tú puedas comprar cosas? **EL TEXTO Y OTROS TEXTOS**

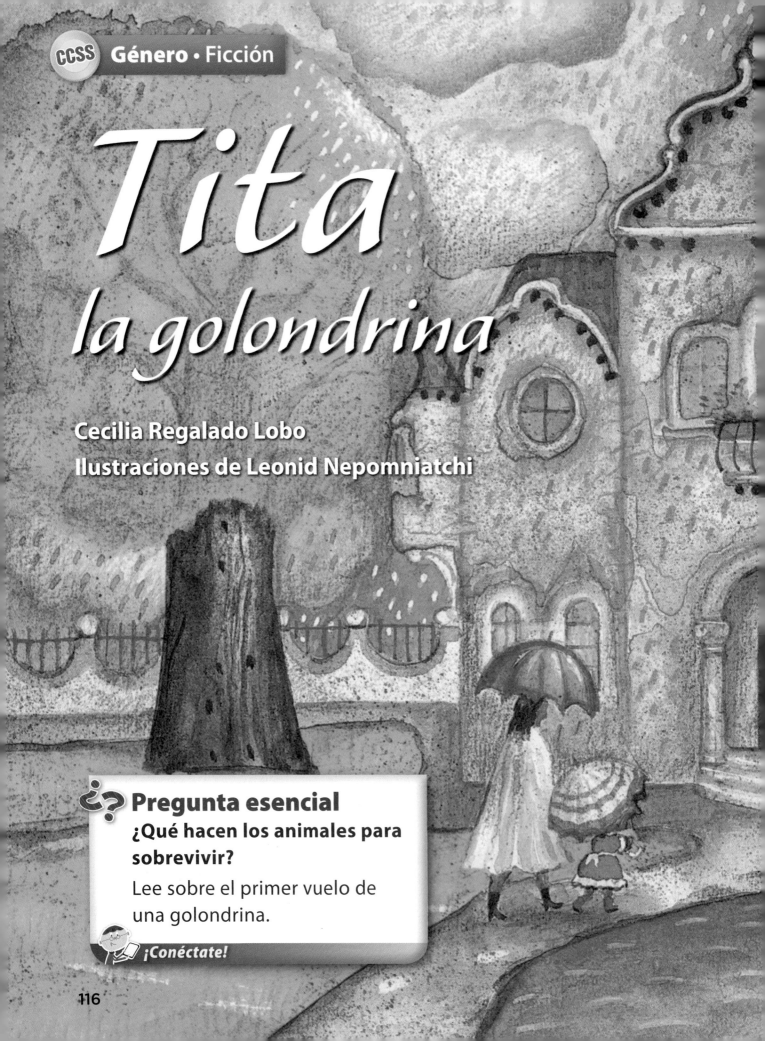

Tita
la golondrina

Cecilia Regalado Lobo

Ilustraciones de Leonid Nepomniatchi

¿? **Pregunta esencial**
¿Qué hacen los animales para sobrevivir?

Lee sobre el primer vuelo de una golondrina.

¡Conéctate!

Caía una lluvia muy fuerte; eso no era nada nuevo. Desde que Tita nació, casi todo el verano había llovido.

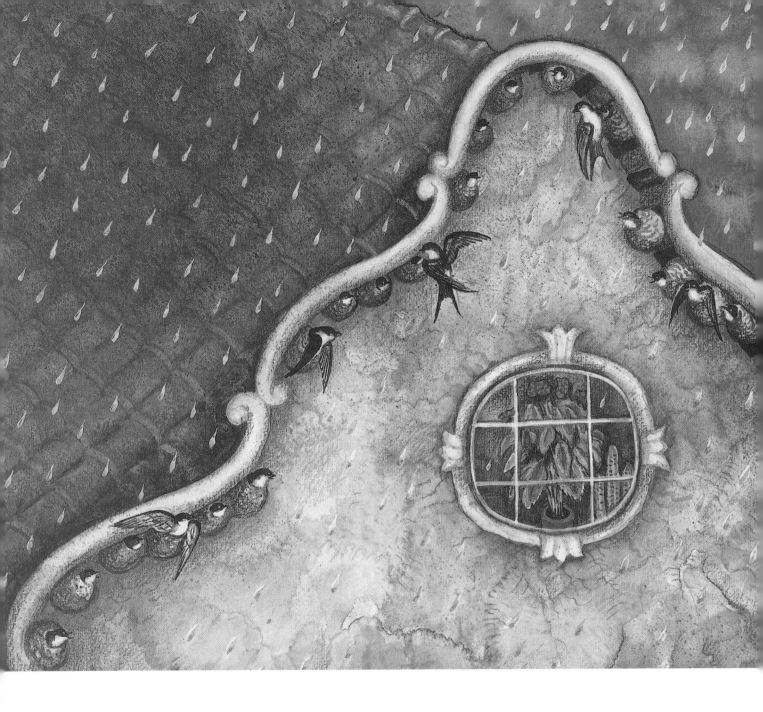

Pero hoy tenía que ser un día diferente. Hoy
comenzaban sus clases de vuelo.

Las demás golondrinas asomaban sus cabecitas
por los agujeros redondos de los nidos.

Todas estaban **agitadas**. Los papás y las mamás daban vueltas **alrededor** del vecindario. Había casi cien nidos de golondrinas pegados en las vigas de los techos de una vieja casa.

Esta casa miraba siempre hacia un **estanque**.
Las golondrinas tenían en ese estanque todo
el lodo que necesitaban para hacer sus nidos.
Año tras año llegaban a esa casa, hacían sus
nidos y ponían sus huevos.

Cuando las golondrinas nacían, la gente de
los alrededores se daba cuenta porque se
escuchaban sus piopíos de día y de noche.

Las golondrinas, cuando nacen, casi no tienen plumas. Cuando crecen un poco el cuerpo se cubre de plumas más fuertes y están listas para comenzar a salir de sus nidos.

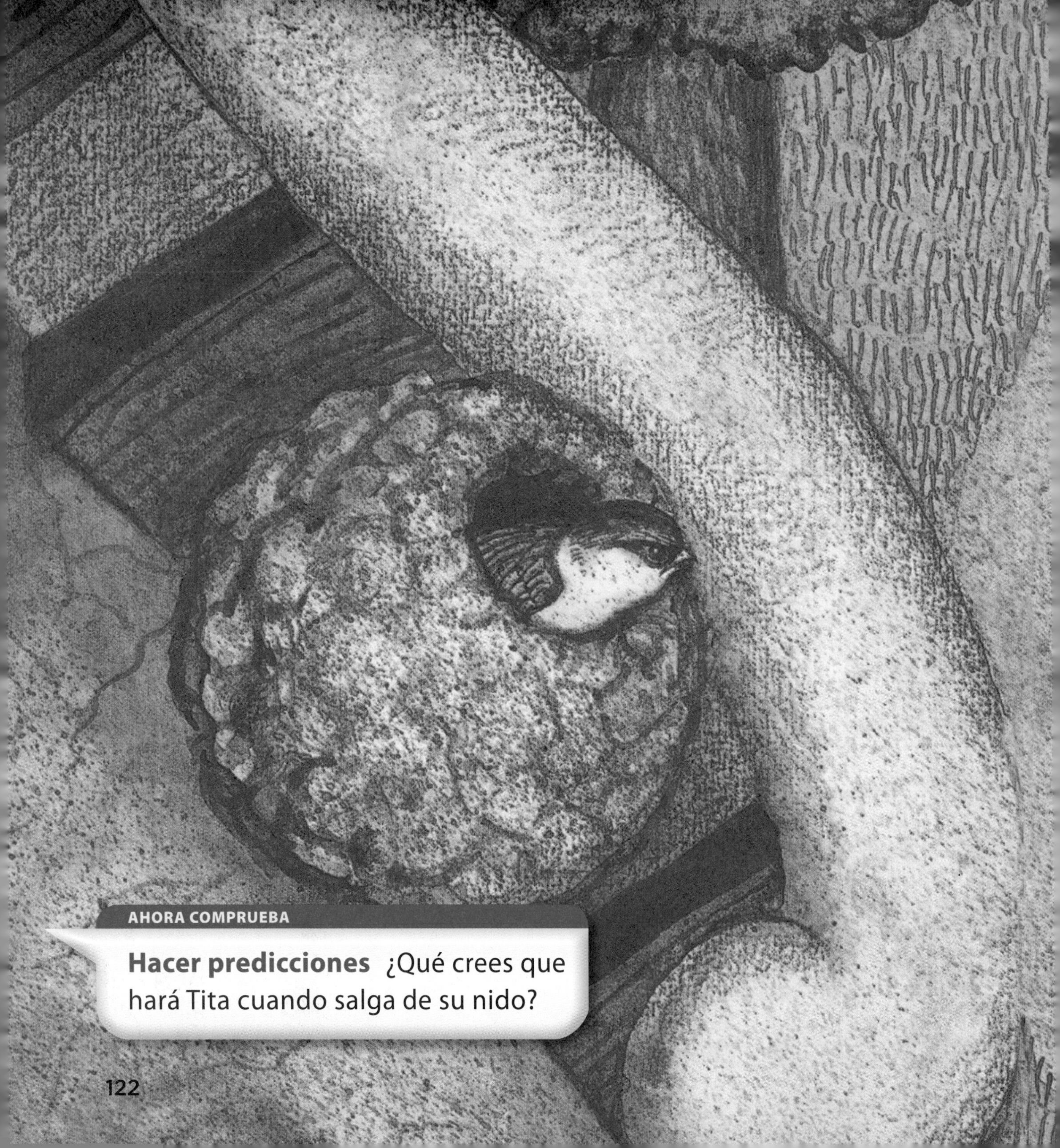

AHORA COMPRUEBA

Hacer predicciones ¿Qué crees que hará Tita cuando salga de su nido?

Esa mañana, Tita no quería tomar su clase. Estaba preocupada: había observado cómo algunas golondrinas que estaban aprendiendo a volar habían caído al jardín y los perros de la casa las habían perseguido.

Su mamá la animó diciendo que ella la
acompañaría durante todo el vuelo. Su papá
le dijo algo que le **infundió** valor: los perros
siempre estaban guardados al mediodía. A esa
hora intentarían el primer vuelo y, mientras
su mamá la acompañaba, el padre estaría
observando cada movimiento de los perros.

La lluvia fue **amainando** poco a poco durante la mañana. Al mediodía lucía el sol brillante y Tita batía sus alas rápidamente de abajo hacia arriba. El padre pensó que se estaba sacudiendo el miedo, y le sonrió. La mamá preguntó si estaba lista. El papá inclinó su cabeza y los tres se lanzaron a volar bajo la luz brillante del sol.

Tita sólo pudo sostenerse unos segundos en
el aire. Pero, por más que agitaba sus alas, no
subía, sino que bajaba hacia el jardín. La mamá la
acompañaba volando alrededor de ella. El papá
vigilaba a los perros. Se preocupó mucho cuando
el jardinero de la casa les abrió la puerta para
poder recortar el pasto de ese lado.

Tita estaba sobre el suelo y el papá lanzó un
silbido de alerta que la mamá entendió.

Tita seguía aleteando cuando escuchó
a los perros ladrar muy cerca de ella.

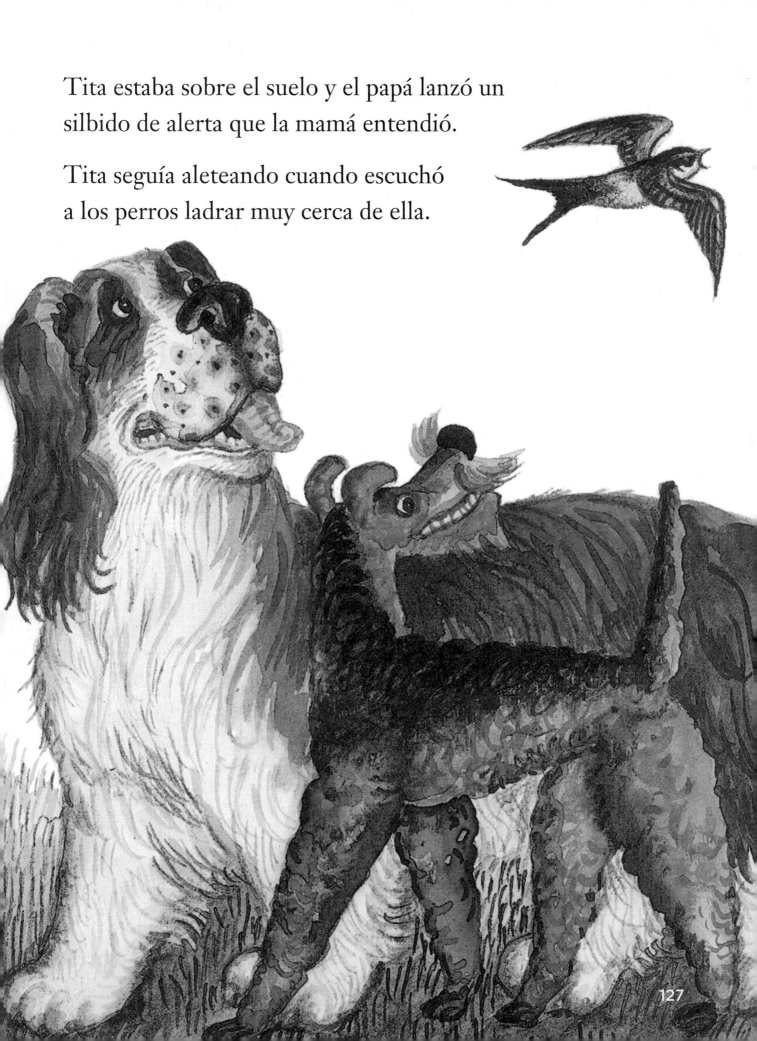

El papá distrajo a los perros, volando a su alrededor, muy cerca de sus bocas. Y ellos comenzaron a perseguirlo. La mamá de Tita le aconsejó que brincara hacia las zarzas porque esas plantas tenían espinas y los perros no se acercaban a ellas. Pero Tita estaba tan preocupada de que los perros se comieran a su papá, que no podía moverse. La mamá voló alrededor de las cabezas de los perros para distraerlos y que no vieran a Tita. Los perros saltaban: uno hacia el papá, otro hacia la mamá.

AHORA COMPRUEBA

Hacer y responder preguntas ¿Qué harías tú si estuvieras en el lugar de Tita?

Tita comprendió que si quería salvar a sus
padres debía esconderse, y se fue brincando
hacia las hojas de la zarza.

Los padres de Tita descansaron unos
momentos en las ramas del árbol del jardín.

La mamá bajó a decirle a Tita que se estuviera
quieta hasta que los perros durmieran la siesta.
Mientras tanto, ellos estarían cuidándola. Los perros
cansados de corretear, finalmente se durmieron.

La mamá voló hacia Tita para continuar con las
clases de vuelo. Tita se esforzaba todo lo que
podía. Pero al cabo de un tiempo... los perros se
despertaron y Tita escuchó sus ladridos. Volvió a
ver a su papá y a su mamá aleteando y piando, para
entretener a los perros.

Ella agitaba sus alas como su mamá le había dicho. Practicaba entre los **matorrales** del jardín.

Al ver una golondrina muerta detrás de las hortensias, decidió regresar hacia las ramas de la zarza, moviendo muy rápido sus alitas.

Y de pronto, se dio cuenta de que sus patitas comenzaban a despegarse del suelo. ¡Comenzó a volar! Los perros la vieron y se lanzaron contra ella.

La mamá picoteaba a un perro y el papá picoteaba a otro. Pero los perros seguían corriendo hacia Tita. La mamá le gritó que estirara el cuello. Entonces Tita comenzó a subir hasta alcanzar la rama más baja del árbol del jardín.

Los perros no lograron alcanzar esa rama.
Los padres de Tita volaron hacia ella.

Los picos de Tita y sus padres se rozaron
como cuando nosotros nos damos besos.
Sus alas se extendieron como cuando
nosotros nos damos abrazos.

Tita entonces supo que con su esfuerzo
podría alcanzar el cielo.

Lecciones para aprender

Cecilia Regalado Lobo

nació en Torreón, Coahuila, al norte de México. Desde niña le gusta la lectura, el canto y la música. Le gusta mucho tocar el chelo y la guitarra. Pero sobre todo, le gusta inventar historias y contar cuentos a los niños.

Leonid Nepomniatchi

nació en Moscú. Vive en México. Los colores de sus ilustraciones reflejan su estilo personal, que lo ha llevado a exponer su obra a países como Vietnam, Francia y Japón.

Propósito de la autora

En este cuento, Tita aprende algo importante el día de su primera lección de vuelo. ¿Cuál es el propósito de la autora al contarnos lo que Tita aprende?

Respuesta a la lectura

Resumir

¿Qué importancia tiene el ambiente en la trama de *Tita la golondrina*? Usa el diagrama para resumir el cuento.

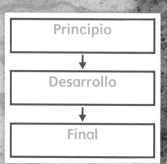

Principio
↓
Desarrollo
↓
Final

Evidencia en el texto

1. ¿Cómo sabes que el género de *Tita la golondrina* es ficción? **GÉNERO**

2. ¿Cómo protegen a Tita sus padres? Usa detalles de la trama para justificar tu respuesta. **PERSONAJE, AMBIENTE, TRAMA**

3. Usa lo que sabes sobre prefijos para descubrir el significado de la palabra *despegarse* en la página 131. **PREFIJOS**

4. Escribe sobre el modo en que Tita y sus padres enfrentan las dificultades. **ESCRIBIR SOBRE LA LECTURA**

¿? Haz conexiones

¿Qué hacen las golondrinas para sobrevivir? **PREGUNTA ESENCIAL**

¿Qué aprendiste acerca de los problemas que deben enfrentar los animales para sobrevivir? **EL TEXTO Y EL MUNDO**

Compara los textos

Lee sobre un animal que vive en un clima extremadamente frío y sobre uno que vive en un clima extremadamente caluroso.

Amigos del frío y el calor

Existe un lugar muy frío en Asia. Se llama Siberia. El **clima** allí es severo. En invierno, la temperatura es menor a cero grados. El viento es fuerte. Pocos animales pueden vivir allí con estas condiciones climáticas.

Pal Hermansen/Stone/Getty Images

El husky siberiano

El husky siberiano es un tipo de perro. Algunas partes de su cuerpo lo ayudan a **adaptarse** a lugares muy fríos. Cuando la nieve vuela por el viento, entrecierra los ojos y puede ver.

El pelaje del husky tiene dos partes. La de abajo está formada por pelo muy corto. La de arriba, por pelo largo evitando que el agua toque su cuerpo. Funciona como un impermeable abrigado.

La cola del perro es tupida. Un husky puede enroscarla para abrigar su hocico cuando se va a dormir.

Si miras la parte de abajo de la pata de un husky, verás unas almohadillas negras gruesas y pelos. Esto ayuda al perro a no tener frío.

El husky siberiano tiene características especiales que lo ayudan a vivir en lugares fríos.

Partes del husky

Los ojos tienen una forma especial.

La cola es peluda.

Las orejas tienen pelos.

El pelaje es grueso.

Tienen pelos entre las almohadillas.

(t) Jason Edwards/National Geographic/Getty Images (b) Per Breiehagen/The Image Bank/Getty Images

Vivir con calor

El desierto del Sahara está en África. Los veranos allí son muy calurosos y el clima es muy seco. Pocos animales pueden vivir allí.

El zorro fénec

Algunas partes del cuerpo del zorro fénec lo ayudan a vivir en el clima caluroso y seco del desierto. El zorro tiene orejas grandes que lo ayudan a eliminar el exceso de calor del cuerpo y pelos que atrapan la arena para que no entre en sus oídos.

El pelaje del zorro es grueso y tiene el color de la arena. El zorro fénec también tiene la cola peluda. Enrosca la cola alrededor de su cuerpo para protegerse del calor.

El zorro fénec es un animal nocturno. Duerme durante el día. Come a la noche.

140

Las patas del zorro tienen pelo en la parte de abajo. El pelo le protege los pies de la arena caliente. El zorro también usa las patas como una herramienta. Hace agujeros en el suelo y se queda allí adentro durante todo el día. A la noche, cuando refresca, sale nuevamente. Todas estas características ayudan al zorro fénec a vivir en el desierto.

Partes del zorro

Las orejas lo ayudan a perder el calor del cuerpo.

El pelaje es grueso.

Las patas tienen pelo que lo ayudan a no quemarse.

La cola es peluda.

Haz conexiones

¿Cómo sobreviven estos animales en lugares tan fríos y tan calurosos? **PREGUNTA ESENCIAL**

Piensa en los animales sobre los que leíste esta semana. ¿Cómo les ayuda el cuerpo a sobrevivir? **EL TEXTO Y OTROS TEXTOS**

PRIMERA EDICIÓN EDITORIAL CUARTO PROPIO, 2004, CHILE.

Groa y Loki

Ana Saavedra

Versión de la fábula La Cigarra y la Hormiga, de Esopo

Ilustraciones de Cecilia Almarza

Pregunta esencial

¿Qué nos pueden enseñar las historias de animales?

Lee acerca de cómo trabajan y se divierten una cigarra y una hormiga.

¡Conéctate!

142

Apenas se fue el invierno, la hormiga Groa salió de su **hormiguero**. El sol alumbraba la tierra y todas las cosas lucían sus más hermosos colores.

¿Qué sentirán las cosas al calorcito del sol?

144

Groa, sin embargo, no miró las flores, ni los arroyuelos, ni los árboles. Comenzó de **inmediato** a **recolectar** comida para llevar a su hormiguero. Siempre lo había hecho así, igual que todas sus hermanas.

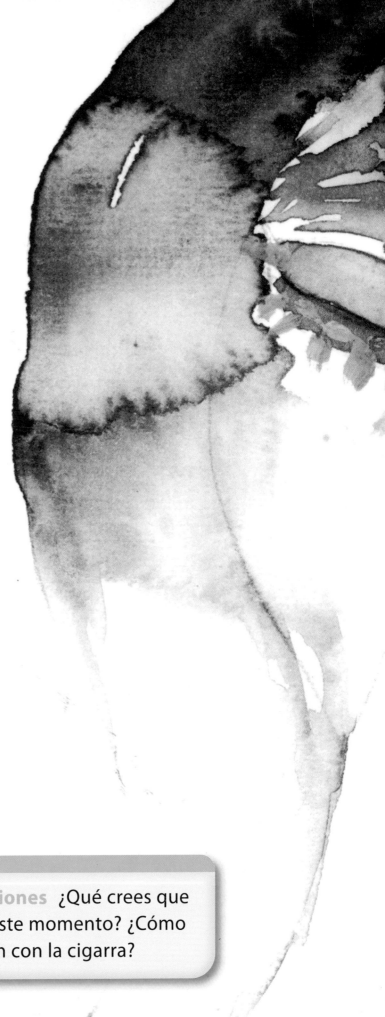

A la mitad del camino, mientras **trasladaba** una enorme miga de pan, escuchó música. Alguien cantaba muy cerca de allí. Groa sintió que la canción sonaba dentro de su corazón y sonrió. Se apartó del camino para mirar mejor. Entonces vio que debajo de una flor de grandes pétalos estaba Loki, la cigarra. Ella cantaba y bailaba, y el aire que la rodeaba parecía lleno de brillos.

AHORA COMPRUEBA

Hacer predicciones ¿Qué crees que hará Groa en este momento? ¿Cómo será su relación con la cigarra?

146

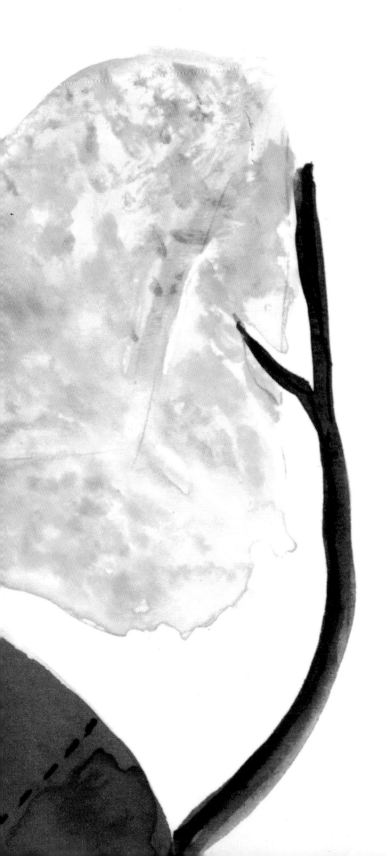

La hormiga Groa, cargada con la enorme miga de pan, se quedó mirando sorprendida. Sentía que su cuerpo quería reírse solo. Pero de pronto recordó que debía ocupar cada minuto de sol para trabajar, como todas las hormigas. Se puso un poco colorada y volvió a la **hilera**, para llevar la comida al hormiguero. Durante ese día y los siguientes, Groa trabajó sin parar recolectando alimentos. Sin embargo, cuando escuchaba la música de Loki, sonreía sin querer.

¿Por qué sonreía la hormiga Groa?

149

Poco a poco fue pasando el tiempo del calor y llegaron los días fríos. Una tarde, en el hormiguero se dio la orden de detener la recolección y cerrar las puertas. Tenían **suficiente** comida. En el hormiguero ordenaban los alimentos, los guardaban en cajitas, que luego guardaban en cajas un poco más grandes, y esas en otras diferentes. Siempre hacían lo mismo. Siempre igual. Una y otra vez. Y otra vez, de nuevo.

¿Qué piensas tú que les pasaba a las hormigas?

AHORA COMPRUEBA

Confirmar predicciones ¿Qué piensas de la predicción que hiciste sobre Groa y Loki? ¿Fue correcta? ¿Cómo la cambiarías?

150

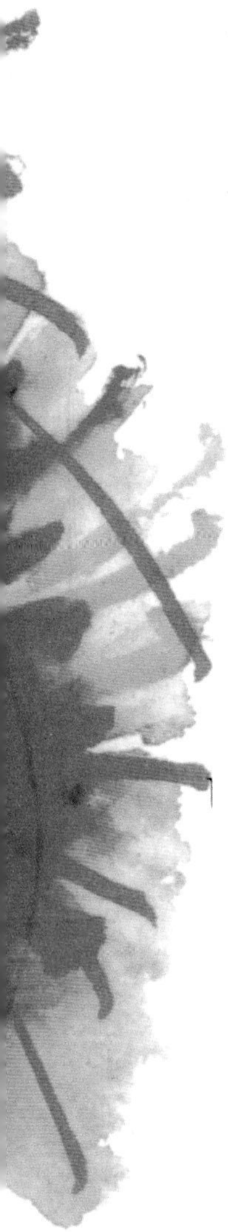

Un día en que hacía mucho frío, Groa escuchó un ruido. Se asomó y vio a Loki sentada junto a un palo seco.

—¿Tienes algo para comer? —le preguntó Loki. Groa contestó: —Claro que sí. Durante todo el tiempo de calor juntamos comida con mis hermanas. ¿Qué has hecho tú?

—Yo no tuve tiempo de reunir comida —dijo Loki—, porque durante el verano aproveché todos los días para inventar danzas y canciones, construí una flauta y un pandero y miré los rayos del sol.

Groa se quedó pensando, reunió a todas las hormigas y conversaron largo rato. Luego fueron a buscar a Loki. Le dijeron:

—Tú sabes que nosotras trabajamos mucho en el verano para reunir comida y no pasar hambre en el invierno. Pero estamos aburridas. Tú, en cambio, sabes cantar y bailar, pero no tienes comida.

¿Cómo podrán resolver este problema las hormigas y la cigarra?

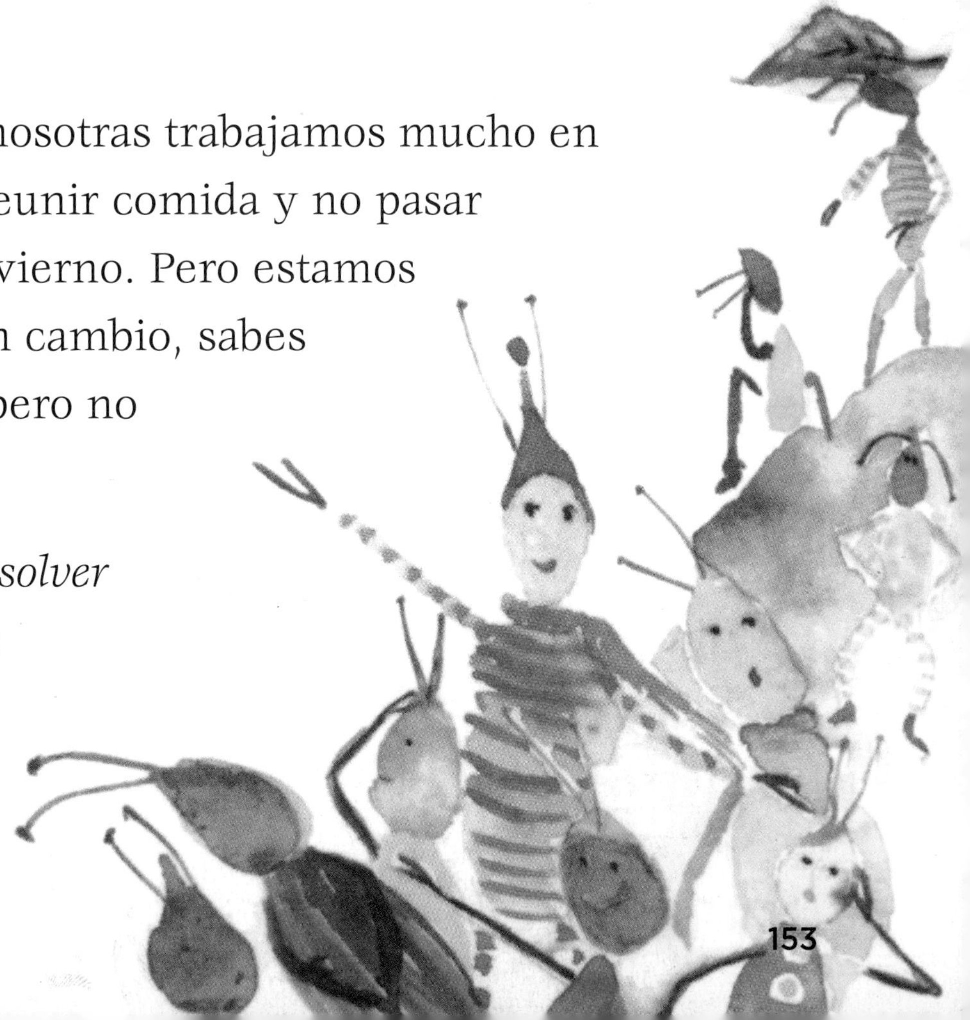

Entonces Loki dijo:

—Yo podría cantar y bailar para ustedes y, a las que quieran, puedo enseñarles canciones y danzas.

Y la hormiga Groa agregó:

—Tú compartirás con nosotros lo que sabes hacer y nosotros compartiremos contigo lo que tenemos. ¡Así podremos ser más felices!

Loki comió un grano de trigo. Luego cantó y bailó, y vio que algunas hormiguitas llevaban el ritmo con su cuerpo. Cuando terminó, las hormigas aplaudieron. También Loki aplaudió. Más tarde se fueron a dormir, y todas escucharon la canción del viento.

Moraleja: Si compartimos con los demás lo que sabemos o tenemos, podremos ser más felices.

A trabajar y cantar con Ana y Cecilia

Nació en Chile. Además de escribir libros para niños, trabaja en editoriales. Vivió algunos años en Brasil y habla muy bien el portugués.

Ana Saavedra

Cecilia Almarza

Nació en Chile. Es ilustradora, cantante, compositora, escritora y actriz. En su familia hay muchos músicos.

Propósito de la autora

¿Por qué crees que la autora hace preguntas a lo largo del cuento?

Respuesta a la lectura

Resumir

¿Qué cambia en Groa y en Loki a lo largo de la fábula? Usa la tabla de problema y solución para resumir el cuento.

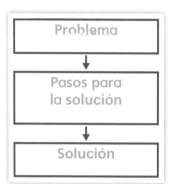

Problema
Pasos para la solución
Solución

Evidencia en el texto

1. ¿Por qué *Groa y Loki* es una fábula? GÉNERO

2. ¿Qué aprende Groa gracias a Loki? ¿Qué aprende Loki gracias a Loa? Piensa en el problema de la trama para justificar tu respuesta. PROBLEMA Y SOLUCIÓN

3. Usa lo que sabes sobre sufijos para descubrir el significado de la palabra *recolección* en la página 150. SUFIJOS

4. Escribe sobre las diferencias y las similitudes entre Groa y Loki. ESCRIBIR SOBRE LA LECTURA

Haz conexiones

Escribe sobre las enseñanzas que dejan las fábulas. PREGUNTA ESENCIAL

¿Qué otras fábulas de animales te han enseñado algo importante? EL TEXTO Y EL MUNDO

Compara los textos

Lee las historias que diferentes culturas crearon sobre Cenicienta y sus amigos.

Cenicienta y sus amigos

Cenicienta es una chica solitaria que solo tiene a ratones como amigos. Luego, sus amigos animales la ayudan a ir a un baile y todo cambia. La historia tradicional de Cenicienta viene de Europa, pero existen muchas historias parecidas en todo el mundo. Personas de diferentes partes del mundo cuentan diferentes historias como la de Cenicienta. Lee algunas de estas historias y fíjate cómo brindan ayuda los animales amigos de Cenicienta.

Alex Steele-Morgan

Yeh-Shen, la Cenicienta china

El único amigo de Yeh-Shen era un hermoso pez. Un día, el pez murió, y Yeh-Shen enterró sus huesos. Los huesos del pez eran mágicos, entonces Yeh-Shen pidió un deseo. Quería ir al festival de primavera. Los huesos del pez le dieron un hermoso vestido y zapatillas de oro. En el festival, Yeh-Shen perdió una de sus zapatillas. Luego, el rey encontró la zapatilla perdida y dijo que quería casarse con su dueña. Muchas jóvenes se probaron la zapatilla de oro, pero solo a Yeh-Shen le quedó bien. Se casó con el rey y vivieron felices por siempre.

Rhodopis, la Cenicienta egipcia

Rhodopis era una pobre joven sirvienta. Las demás sirvientas se burlaban de ella. Sus únicos amigos eran los animales del río. Le gustaba cantar y bailar para ellos. Los animales del río amaban a Rhodopis. Una noche, Rhodopis perdió una de sus zapatillas. Un ave se la llevó. Luego, el ave voló hacia el castillo del rey, y la zapatilla cayó sobre su trono. El rey buscó por todo su reino a aquella muchacha a quien la zapatilla le quedaba bien. Cuando encontró a Rhodopis, se enamoraron, y ella se convirtió en reina.

Versión zuñi de la Cenicienta

En algunas historias indígenas ocurre lo mismo que en la historia de Cenicienta. En un cuento zuñi, una muchacha quería ir al baile sagrado, pero no tenía vestido para ponerse. Sus amigos, los Pavos, que sabían hablar, sintieron pena por ella. Hicieron un traje de fiesta con sus plumas para que ella lo usara ese día. Así fue como pudo ir al baile.

Las **lecciones** que enseñan las distintas **versiones** de Cenicienta son similares: ser bondadoso tiene su recompensa. Los comienzos difíciles pueden tener finales felices. ¡Sirve de ayuda tener amigos animales!

Haz conexiones

¿Qué te enseñan los animales de los cuentos?
PREGUNTA ESENCIAL

Piensa en los animales de los cuentos que leíste esta semana. ¿Cuáles son los animales que brindan ayuda? ¿Cuáles suelen engañarnos? **EL TEXTO Y OTROS TEXTOS**

Tortuga, ¡ten cuidado!

April Pulley Sayre

Ilustraciones de **Annie Patterson**

 Pregunta esencial

¿Cuáles son las características de los hábitats de distintos animales?

Lee sobre las tortugas marinas que viven en el océano.

 ¡Conéctate!

162

Una noche, **tarde**, en una playa de Florida, comienza la historia de una tortuga bebé. Podría ser una historia breve (o podría no haber ninguna historia que contar), si no fuera por la ayuda de manos solidarias.

La tortuga es solo un huevo ahora. Su madre la cubre de arena con las aletas.

Hay mapaches hambrientos observando. Y cuando mamá tortuga sale hacia el mar...

Unas patas peludas corretean, unos hocicos olfatean y unas garras cavan.

Tortuga, ¡ten cuidado!

Pero unas manos jóvenes, que sostienen una linterna, espantan a los bandidos.

Más tarde, colocan una malla de alambre alrededor del nido de la tortuga para proteger los huevos **enterrados**.

Llega la mañana. Y también un carro, que se acerca a los huevos a toda velocidad.

Tortuga, ¡ten cuidado!

El carro se detiene. Unas manos han puesto un cartel que dice: "PROHIBIDO CONDUCIR EN LA PLAYA". El carro se aleja. El nido está a salvo. La tortuga, dentro de su huevo, no ve nada de esto.

Dos meses después, Tortuga comienza a romper su cascarón, que parece de cuero. Lo abre con un diente especial. Intenta salir. Luego descansa, con la mitad del cuerpo todavía dentro del cascarón. El saco de la yema, adherido a la parte inferior del cascarón, se va encogiendo a medida que su cuerpo absorbe la energía.

Al día siguiente, las crías cavan hacia la superficie. Suben un poco, descansan. Suben otro poco, descansan. Tardan tres días completos en terminar de subir.

Finalmente, una noche de agosto, a la luz de la luna, Tortuga **se asoma** por la arena. Las otras crías la empujan desde abajo y ve que todas van saliendo.

Empujando la arena, Tortuga avanza lentamente por la playa. ¡Hacia la luz! Eso es todo lo que sabe Tortuga. Por la noche, la luz más brillante debería ser el horizonte sobre el mar.

Pero esta noche no es así. Tortuga avanza hacia la luz equivocada, que ilumina desde la calle.

Tortuga, ¡ten cuidado!

AHORA COMPRUEBA

Hacer predicciones ¿Hacia dónde crees que irá Tortuga? Haz una predicción sobre lo que ocurrirá.

Unas manos pequeñas apagan la luz. Tortuga da la vuelta y avanza hacia el otro lado. Sale con prisa hacia las olas del océano.

Paso a paso, recorre la playa. Algunos animales se reúnen: garzas **nocturnas**, gatos y mapaches. Tienen hambre y vinieron para comerse a las crías.

Tortuga, ¡ten cuidado!

Tortuga sale a toda prisa hacia el agua. *¡Plaf!* El agua la levanta y la arrastra mar adentro, luego la empuja de nuevo hacia la playa. *¡Plaf!* Las olas voltean su cuerpecito, luego la llevan otra vez al mar. Mueve las aletas. ¡Puede nadar! Pasa nadando entre peces hambrientos. La corriente la lleva lejos de la costa.

Durante meses, anda a la deriva entre las algas. Se alimenta de plantas y animales pequeños. Crece. La corriente la lleva miles de millas más allá. Hace círculos en una gran extensión del océano, hasta que un día deja el *sargazo*, un conjunto de algas flotantes. Comienza a nadar. Deja atrás islas, peces espada, ballenas jorobadas.

Llega a un arrecife de coral, donde descubre una sabrosa medusa...

Tortuga, ¡ten cuidado!

¡*Plaf!* Unas manos rápidas se meten en el agua y toman la bolsa de plástico. Parece una medusa, pero no lo es. La bolsa podría hacer atragantar a una tortuga o podría atascarse en su estómago.

Tortuga sigue nadando. Busca otros alimentos. A medida que crece, sus mandíbulas pueden romper caracoles, cangrejos y almejas. Así es su vida de tortuga durante veinte años... Hasta que un día se encuentra nadando **impacientemente**.

Es hora de viajar, lejos y rápido. Mueve las aletas como si fueran alas submarinas. Nada y nada. Deja atrás barcos que navegan y barcos que se hunden.

Tres tiburones la observan.

Tortuga, ¡ten cuidado!

AHORA COMPRUEBA

Hacer predicciones ¿Qué crees que ocurrirá con los tiburones? Haz una predicción acerca de lo que ocurrirá.

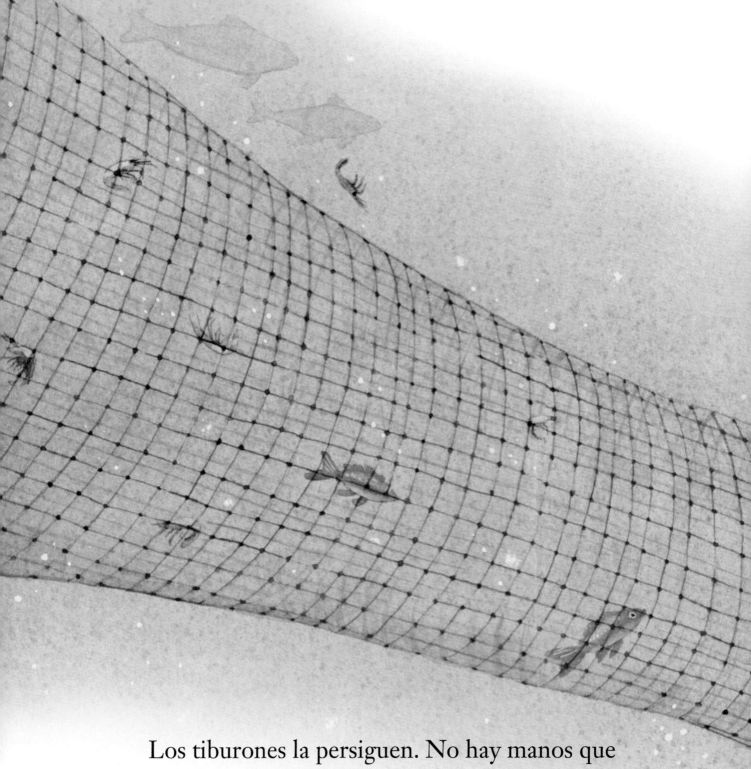

Los tiburones la persiguen. No hay manos que puedan ayudarla ahora. Nada cada vez más rápido y... ¡al fin logra **escapar**! Pero no ve que las redes de un camaronero se le vienen encima.

Tortuga, ¡ten cuidado!

En un instante, queda atrapada en una red. Necesita salir a la superficie para respirar. El barco tira de la red, la arrastra hacia el fondo. Casi sin aire, logra salir por una trampilla. ¡Está libre!

Meses atrás, alguien cosió esa trampilla en la red para que las tortugas pudieran escapar.

Agitada pero a salvo, Tortuga sigue nadando. Se encuentra con una tortuga macho y se aparean. Más tarde, bajo una luna veraniega, Tortuga nada hacia las olas rompientes.

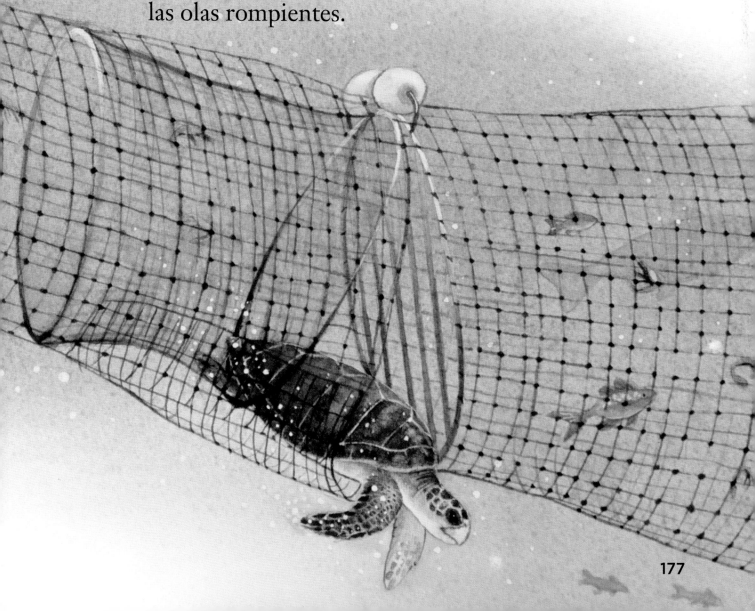

¡Pum! Su cuerpo pesado choca contra la orilla. Es la misma playa donde nació. Pero las cosas son distintas: ahora ella es una mamá tortuga a punto de poner sus huevos.

Un día, las crías romperán el cascarón de esos huevos. Las tortuguitas comenzarán sus **viajes**, abriéndose paso con dificultad por la arena. Algunas lograrán vivir con un poco de suerte, aletas veloces y la ayuda de muchas manos.

Conozcamos a la autora y la ilustradora

April Pulley Sayre siempre ha amado la ciencia y la escritura. Cuando era niña, le gustaba observar aves, flores e insectos. Ahora escribe libros sobre caracoles, cangrejos, abejorros, ballenas, aves y muchas otras criaturas. ¡Hasta ha escrito sobre el polvo!

Annie Patterson ilustra libros para niños. Le encanta mirar el océano y los animales desde el lugar donde vive. Osos polares y búhos de nieve son algunos de los animales que Annie encuentra cerca de su casa.

Propósito de la autora

Cuando los autores repiten palabras en su narración, llamamos a esto repetición. Los autores usan la repetición con un propósito. ¿Por qué April repite la oración "Tortuga, ¡ten cuidado!"?

Respuesta a la lectura

Resumir

Usa detalles clave del principio, el desarrollo y el final para resumir la selección. La tabla puede serte útil.

Tema principal		
Detalle	Detalle	Detalle

Evidencia en el texto

1. ¿Cómo sabes que el género de *Tortuga, ¡ten cuidado!* es narrativa de no ficción? **GÉNERO**

2. ¿Qué tipo de riesgos enfrenta una tortuga a medida que crece? Usa detalles de la selección para apoyar tu respuesta. **TEMA PRINCIPAL Y DETALLES CLAVE**

3. Usa lo que sabes sobre sufijos para descubrir el significado de la palabra *impacientemente* en la página 174. **SUFIJOS**

4. Escribe sobre qué ayuda a las tortugas a sobrevivir. Usa detalles de la selección. **ESCRIBIR SOBRE LA LECTURA**

¿? Haz conexiones

¿Qué características tiene el hábitat donde viven las tortugas? **PREGUNTA ESENCIAL**

¿Qué aprendiste acerca de cómo podemos ayudar a las tortugas a sobrevivir? **EL TEXTO Y EL MUNDO**

Compara los textos

Lee sobre los animales y las plantas en un hábitat de río.

La casa en el río

El río Cuyahoga es un **hábitat** de agua dulce. El agua del océano tiene sal, pero no la de río. El Cuyahoga ofrece refugio y alimento a muchos animales.

Comida del río

Una familia de patos arcoíris anda flotando por el río. La madre lleva a los patitos a la orilla. Se alimentan de las plantas que crecen en el agua, que se llaman lentejas de agua.

Pato arcoíris

HÁBITAT DEL RÍO CUYAHOGA	
ANIMAL	**ALIMENTO**
Pato arcoíris	lentejas de agua, semillas, frutas
Tortuga moteada	caracoles, gusanos, arañas
Mapache	peces, ranas, huevos, ratones, insectos

El viaje de una tortuga moteada

Varias tortugas moteadas toman sol sobre un tronco que flota. Tienen manchas en el caparazón. Una sale del río para poner huevos. Come caracoles y gusanos en la orilla.

Cuando encuentra dónde poner los huevos, cava un hoyo con las patas traseras. Cubre los huevos con tierra. Después de dos meses, nacen las tortugas bebé. Comienzan su viaje hacia la orilla. Un mapache duerme en un hoyo en el árbol. Los mapaches comen tortugas.

Todos los seres vivos de la **naturaleza** se necesitan y se ayudan. Los seres vivos se renuevan una y otra vez. Siempre comienza un nuevo ciclo. La vida en el río continúa.

Tortuga moteada

Mapache

Haz conexiones

¿Cuáles son las características del hábitat de este río? **PREGUNTA ESENCIAL**

Piensa en los hábitats sobre los que leíste esta semana. ¿Qué ofrecen a los animales? **EL TEXTO Y OTROS TEXTOS**

(t) John Mitchell/Photo Researchers, Inc. (b) Christina Krutz/Radius Images/Getty Images.

Osos bebés

por
Bobbie Kalman

Pregunta esencial

¿Cómo se parecen las crías a sus padres?

Lee para averiguar cómo se parecen los osos bebés a su mamá y a su papá.

¡Conéctate!

¿Qué es un oso?

Los osos son animales mamíferos. Los mamíferos tienen pelo, o pelaje, en el cuerpo. Los osos están cubiertos por pelaje. Los osos son mamíferos. Los seres humanos son mamíferos, igual que tú.

Los osos bebés se llaman oseznos. Nacen con los ojos cerrados. Los abren cuando tienen seis semanas de edad. Esta cría de oso pardo es recién nacida y tiene muy poco pelaje.

Estas crías de oso polar se están amamantando.

Las madres mamíferas producen leche.

Los bebés se amamantan de su madre.

Amamantarse es tomar la leche de la mamá.

© Alexander Demianchuk/Corbis

Especies de osos

Hay ocho especies de osos. Los osos que se muestran en esta página son un oso negro americano, un oso pardo y un oso polar. Todos estos osos viven en América del Norte.

Los osos negros americanos pueden ser de diferentes colores. ¿De qué color es este oso negro?

Hay diferentes especies de osos pardos. El oso gris es una especie de oso pardo.

Los osos polares tienen pelaje blanco. Viven en un lugar frío llamado Ártico.

En el pasado, las personas que estudiaban a los osos creían que los pandas gigantes eran mapaches. Ahora creen que estos animales son osos. No quedan muchos pandas gigantes vivos en el mundo. Los pandas gigantes viven en China.

Volver a leer ¿Qué animal se creía que eran los pandas gigantes? Vuelve a leer para comprobarlo.

El cuerpo de los osos

Los osos tienen cuatro patas. Pueden caminar sobre
las cuatro patas o sobre las dos patas traseras.
En cada pata tienen cinco dedos con garras.
Las garras son uñas curvas.

Este oso gris tiene un pelaje color café que le cubre el cuerpo.

Los osos huelen, oyen y ven muy bien.

Los osos usan las garras para trepar y cavar.

El pelaje de los osos

Los osos tienen dos tipos de pelaje. En algunas partes su pelaje es corto y en otras partes, es largo. El pelaje corto los mantiene calientes. El pelaje largo aleja el agua de su piel.

El pelaje de los osos polares es grueso y blanco.

El oso panda es blanco y negro.

(inset) ZSD/Minden Pictures (bkgd) © Ocean/Corbis

Familias de osos

Una familia de osos está formada por una osa madre y sus crías. La mayoría de las osas tienen camadas de oseznos. Una camada son dos o más **crías** que nacen al mismo tiempo. Esta osa gris tiene tres oseznos.

Esta osa madre enseña a sus crías a trepar a un árbol. Las madres también les enseñan a **acicalarse** el pelaje para estar limpios.

Las crías viven con su madre hasta que tienen dos o tres años de edad. La observan para aprender a vivir solos. Las osas madres enseñan a sus crías dónde encontrar comida y cómo cuidarse.

¿Qué comen los osos?

La mayoría de los osos son omnívoros. Los omnívoros son animales que comen plantas y animales. Los osos comen miel, bayas, hojas y huevos. También comen insectos, peces y otros animales. Los osos polares son carnívoros. Comen principalmente otros animales. Los osos pandas son herbívoros. Los herbívoros comen plantas.

Los osos pandas comen plantas llamadas bambú.

Los hábitats de los osos

Los osos viven en diferentes lugares. El lugar natural donde vive un oso se llama hábitat. Muchos osos viven en los bosques. Los bosques son hábitats con muchos árboles. Algunos osos viven en las montañas. Los osos pandas viven en bosques que están en las alturas de las montañas. El bambú crece en estos bosques.

Los osos negros viven en los bosques de América del Norte.

AHORA COMPRUEBA

Hacer predicciones ¿Qué encontrará este oso para comer? Usa la estrategia de Hacer predicciones como ayuda.

Sueño invernal

Algunos osos viven en lugares que tienen inviernos fríos. Les resulta difícil encontrar comida cuando hace frío. Para mantenerse vivos, duermen la mayor parte del invierno. Durante el verano y el otoño, comen mucho. Almacenan la comida como grasa en el cuerpo. Se alimentan de esa grasa durante el invierno.

Estos osos pardos están comiendo muchos salmones. Así estarán preparados para sobrevivir durante el invierno.

Las osas que viven en lugares fríos tienen a sus crías en invierno. Antes de que las crías nazcan, la madre construye un hogar llamado cubil. Es un lugar cálido y seguro. Muchos osos hacen su cubil cavando en colinas o debajo de los árboles. Algunos osos usan cuevas u hoyos en troncos como cubil. Después del nacimiento de las crías, la madre se va a dormir. Las crías se amamantan mientras su madre duerme.

Los osos polares cavan un túnel en la nieve para hacer un cubil.

(inset) ©John E. Ross/Corbis (bkgd) ©Raymond Gehman/Corbis

Las crías crecen

Cada oso atraviesa una serie de cambios durante su ciclo de vida. Un ciclo de vida comienza cuando nace una cría. La cría crece y cambia. Después se convierte en un oso **adulto**. Estas fotos muestran el ciclo de vida de un oso negro americano.

Los osos adultos tienen bebés.

La cría se convierte en adulto cuando tiene entre tres y cinco años de edad.

Una cría de oso negro se alimenta de la leche de su madre.

Al poco tiempo, la cría abandona el cubil. Todavía se amamanta, pero también empieza a comer otros alimentos.

Esta osa madre y sus crías están buscando comida en el bosque. Las crías pronto empezarán a vivir solas y a buscar comida por su cuenta.

Esta cría de oso negro acaba de abandonar su cubil. Está empezando a conocer el mundo. ¡Pronto descubrirá por qué no debe jugar con zorrillos!

Conozcamos a la autora

Bobbie Kalman escribió sobre muchas especies de animales. Una vez pasó meses en Hawái con delfines y ballenas antes de escribir sobre ellos. *Osos bebés* es su primer libro sobre animales bebés. A Bobbie le encanta escribir sobre animales.

Propósito de la autora

A menudo, los autores usan encabezados en los textos expositivos. ¿Cuáles son algunos de los encabezados de *Osos bebés*? ¿Cómo te ayudan a entender la información?

Respuesta a la lectura

Resumir

Usa la idea principal y los detalles para resumir la selección. La tabla puede ayudarte.

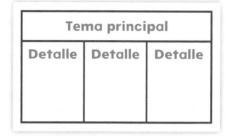

Tema principal		
Detalle	Detalle	Detalle

Evidencia en el texto

1. ¿Cómo sabes que *Osos bebés* es un texto expositivo? **GÉNERO**

2. ¿Cómo es una familia de osos? Usa detalles de la selección para apoyar tu respuesta. **TEMA PRINCIPAL Y DETALLES CLAVE**

3. Usa lo que sabes sobre las palabras de significados múltiples para deducir el significado de la palabra *hoga*r en la página 197. **PALABRAS DE SIGNIFICADOS MÚLTIPLES**

4. ¿En qué se parecen y en qué se diferencian las distintas especies de osos? **ESCRIBIR SOBRE LA LECTURA**

Haz conexiones

¿Cómo se parecen los osos bebés a sus madres? **PREGUNTA ESENCIAL**

¿Qué se puede aprender del modo en que crían los osos a los oseznos? **EL TEXTO Y EL MUNDO**

Compara los textos

Lee sobre cómo las orugas bebés se convierten en mariposas.

De oruga a mariposa

La mariposa no es un **mamífero**. No tiene crías vivas ni las alimenta con leche. La mariposa es un insecto. Pone huevos.

Mira la foto. ¿Sabes cuál es la madre y cuál es la **cría**? ¡Probablemente no! La madre es la mariposa y su cría es la oruga. La madre y la cría no se parecen ahora. Sin embargo, cuando la oruga crezca, sí se parecerán.

Ciclo de vida de la mariposa

1. Huevo
La mariposa adulta pone un huevo sobre una hoja.

2. Larva
Después de 3 o 4 días, una oruga pequeña sale del huevo. Las orugas son una especie de larva. La oruga se come la cáscara del huevo.

5. Adulta
Dos semanas después, la mariposa adulta sale de la crisálida. Pondrá un huevo en una hoja y el ciclo continuará.

4. Crisálida
La oruga forma un capullo a su alrededor. El capullo se llama crisálida.

3. Oruga
Durante, aproximadamente, dos semanas, la oruga come hojas y crece.

Haz conexiones

¿En qué se parecen las orugas a sus padres? **PREGUNTA ESENCIAL**

¿En qué se diferencia una oruga de un osezno? **EL TEXTO Y OTROS TEXTOS**

CCSS **Género • Poesía**

La mariposa

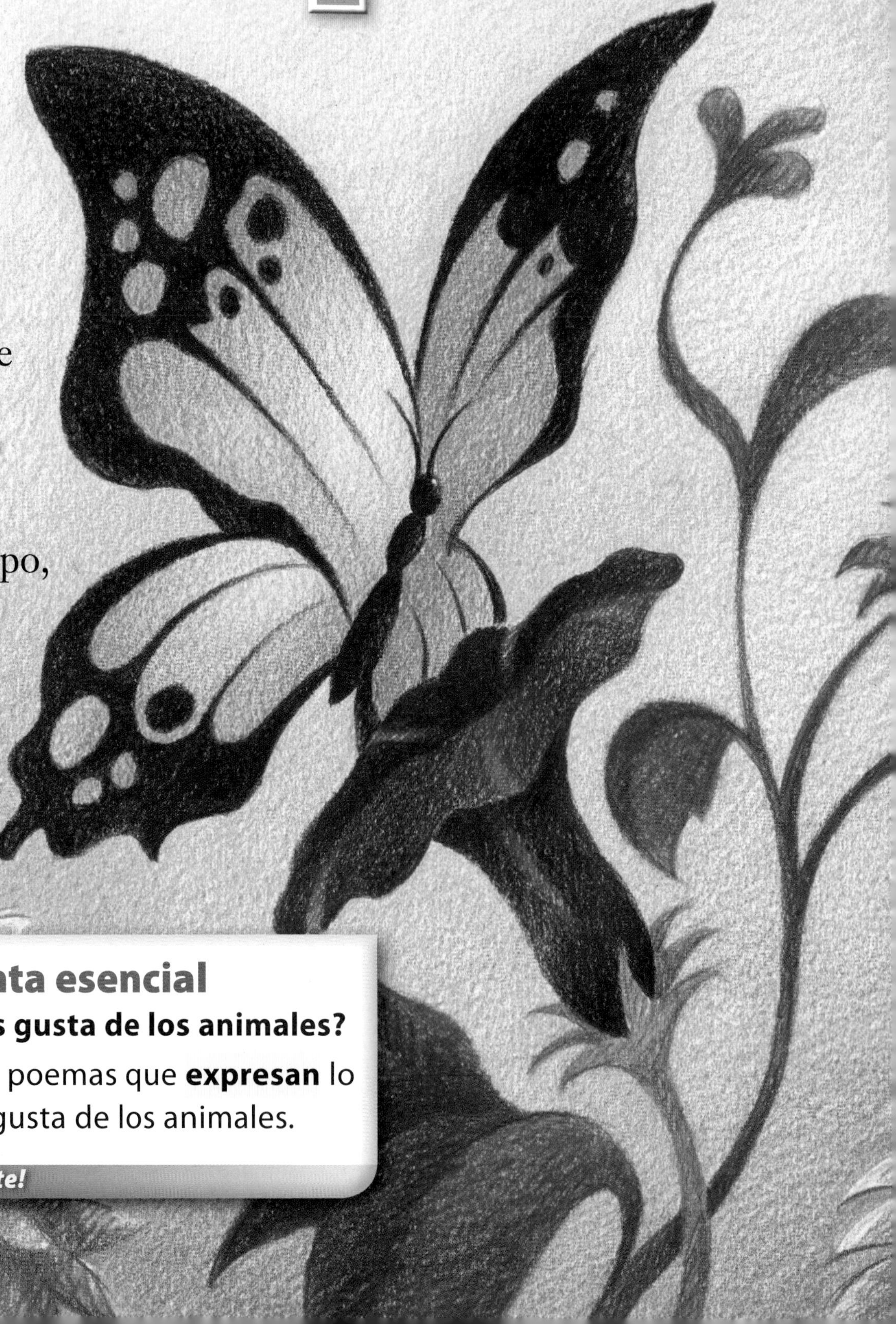

Va y viene,
flota
en el viento,
pinta la tarde
y nunca
se detiene,
agita el tiempo,
es una nave,

Anita Morra.

¿? Pregunta esencial

¿Qué nos gusta de los animales?

Lee estos poemas que **expresan** lo que nos gusta de los animales.

¡Conéctate!

un soplo suave,

y sonriente,

una semilla,

una maravilla

viviente

de paz amarilla,

de paz azul, verde,

blanca, roja, negra,

una pluma paciente

que livianamente

vuela y se alegra,

vuela y te alegra.

Sebastián Olaso

La ardilla soñadora

Sueña que sueña la ardilla
en su cueva acurrucada
y pasa la madrugada
con frío en la rabadilla.
La solución es sencilla
porque no es grave el problema
si es tanto el frío que quema
y no la ampara la luna,
que no busque colcha alguna:
yo la abrigo en mi poema.

Alexis Romay

Respuesta a la lectura

Resumir

Detalle	Detalle	Detalle

Busca detalles importantes de *La mariposa* para describir el poema. Usa la tabla de detalles clave como ayuda para ordenar tus ideas.

Evidencia en el texto

1. ¿Cómo sabes que *La mariposa* es un poema con rima? Da ejemplos. **GÉNERO**

2. ¿Cuántas sílabas tiene cada verso en el poema *La ardilla soñadora*? **ELEMENTOS LITERARIOS**

3. En la realidad, ¿la paz tiene colores? ¿Qué quiso decir el poeta? **LENGUAJE FIGURADO**

4. Escribe. ¿Cómo es la ardilla? ¿Y la mariposa? **ESCRIBIR SOBRE LA LECTURA**

Haz conexiones

¿Qué nos gusta de estos dos animales? **PREGUNTA ESENCIAL**

Cada uno de estos poemas describe cómo **se comportan** estos dos animales. Describe cómo son y qué hacen otros animales. **EL TEXTO Y EL MUNDO**

Compara los textos

Lee lo que escribe el poeta sobre estos animales.

¿Qué es el gato?

El gato
es una gota
de tigre.

¿Qué es el tigre?

El tigre
es un aguacero
de gatos.

Jairo Aníbal Niño

¿? Haz conexiones

¿Qué te gusta de los gatos y de los tigres? **PREGUNTA ESENCIAL**

¿Qué **expresan** los poemas que leíste esta semana? ¿Qué nos dicen sobre cómo se **comportan** los animales? **EL TEXTO Y OTROS TEXTOS**

Me caigo

Vicki Cobb

Ilustraciones de Julia Gorton

¿? Pregunta esencial

¿Cómo nos afectan las fuerzas de la Tierra?

Lee sobre cómo la gravedad empuja y jala.

¡Conéctate!

¿Sabes qué pasa cuando te tropiezas?

¡Te caes!

¿Sabes qué pasa cuando
derramas la leche?

¡Gotea!

Lanza una bola hacia
arriba. Mira lo que
pasa. Sube por poco
tiempo y después
cae.

Intenta lanzar otras cosas hacia arriba.

Las llaves de tu mamá.

Un cubo.

Cuando algo cae, ¿hacia qué dirección cae?

¿Alguna vez cae hacia arriba?

¿Sabes qué hace que las cosas caigan?

Es una fuerza llamada gravedad. Mientras estés en la Tierra, no podrás escapar de ella.

La gravedad siempre está jalando cosas.

¿Sabes en qué dirección?

Hacia abajo, hacia abajo, hacia abajo.

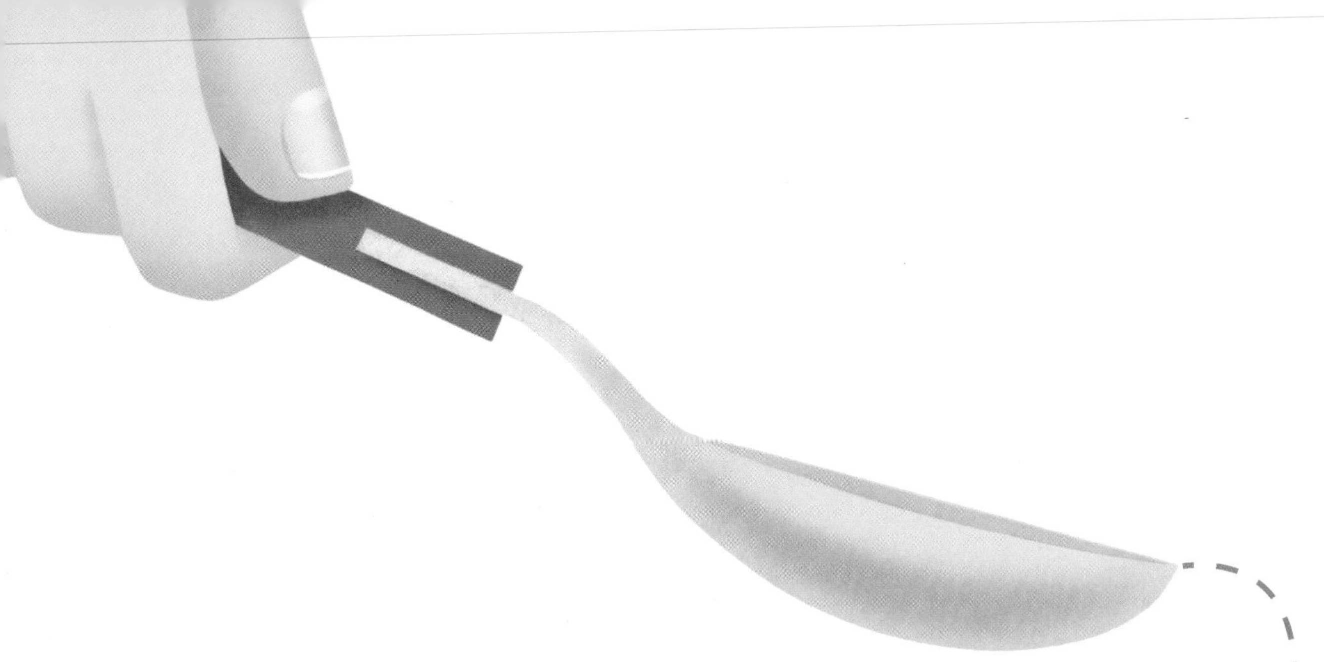

Observa cómo jala la gravedad.

Toma una cucharada de melaza o miel y apunta la cuchara hacia abajo para que el líquido viscoso gotee en el tarro.

¡Míralo gotear!

El líquido viscoso se estira y se hace más y más largo. Parece una cinta que fluye hacia el frasco. La gravedad jala la melaza de la cuchara. La lleva de vuelta hacia el frasco.

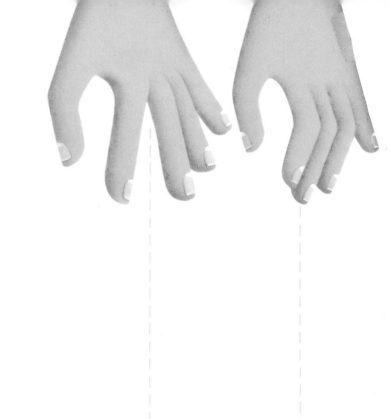

¿Algunas cosas caen con mayor rapidez que otras?

¡Haz la prueba y verás!

Sujeta una moneda y una llave en una mano. Abre la mano para que ambas empiecen a caer al mismo tiempo. Escucha y mira cuando toquen el piso.

¿Cuál ganó la carrera, la moneda o la llave? ¿O fue un empate?

Las cosas caen con tanta rapidez que es difícil saber si hay un ganador o un perdedor.

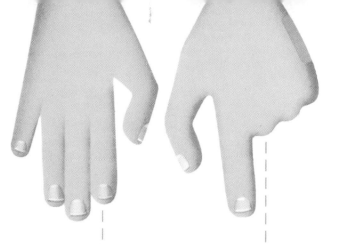

Juega muchas carreras de lanzamiento de cosas.

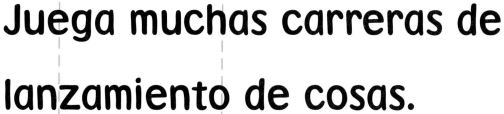

Pero no importa si los **objetos** son grandes o pequeños. Siempre parece que hay empate.

La única vez que hay un claro ganador es cuando lanzas algo que el viento podría volar con facilidad, como una pluma o un pañuelo de papel. El aire lucha contra la gravedad solo con los objetos muy livianos.

AHORA COMPRUEBA

Volver a leer ¿Por qué en las carreras de lanzamiento de cosas siempre hay empate? Vuelve a leer para comprobar si entendiste.

Si no hubiera aire, verías que la gravedad jala todo a la misma **velocidad**.

Los astronautas lo **comprobaron** en la Luna, donde no hay aire.

Cada carrera de lanzamiento de cosas fue un empate.

¡INCREÍBLE PERO CIERTO!

El siguiente es un modo de averiguarlo.

Haz que alguien deje caer una esponja seca sobre tu mano desde más o menos un pie de distancia. Después intenta con una barra de jabón pequeña. ¿Cuál cae sobre tu mano con más fuerza? ¿La esponja o el jabón?

Intenta arrojar muchas cosas sobre tu mano.

Pronto descubrirás que algunas cosas caen con más fuerza que otras.

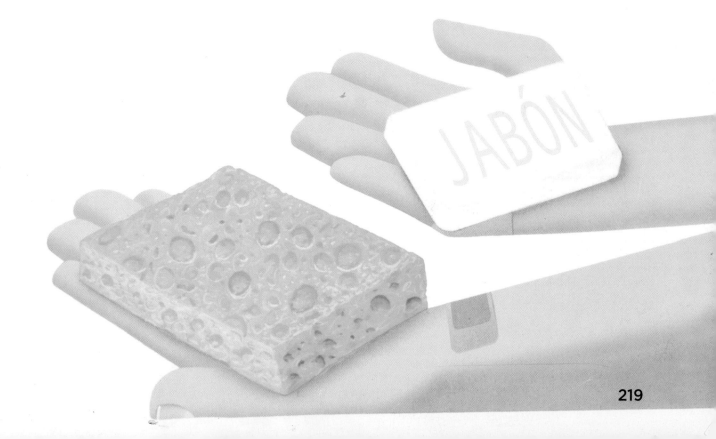

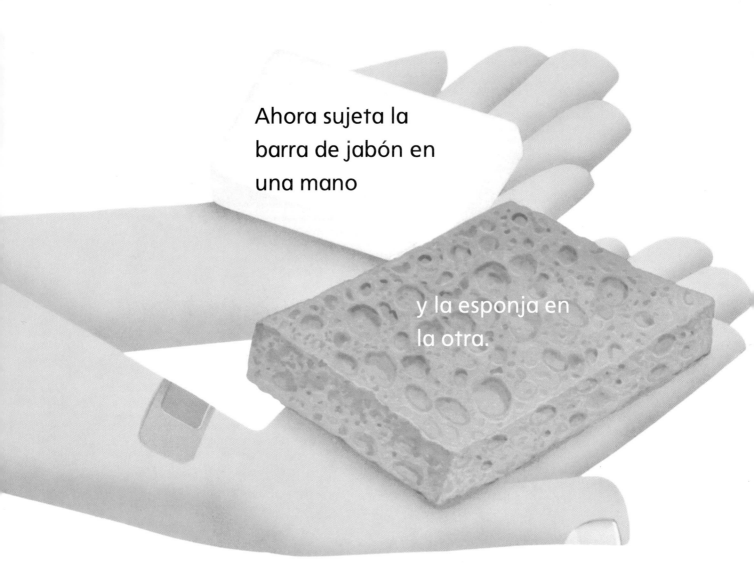

Ahora sujeta la barra de jabón en una mano

y la esponja en la otra.

¿Cuál pesa más, la esponja o el jabón?

Mueve las manos hacia **arriba** y hacia **abajo** para sentir la diferencia.

Tus manos evitan que la esponja y el jabón caigan al suelo.

Pero aún puedes sentir el jalón de la gravedad sobre el jabón y la esponja cuando los sostienes en las manos. Este jalón se llama **peso**.

AHORA COMPRUEBA

Volver a leer ¿Qué es el peso? Vuelve a leer para comprobar si entendiste.

Puedes ver si un objeto es más pesado que otro sin dejar que ninguno de los dos caiga.

Hazlo así:

Consigue dos bandas elásticas del mismo tamaño.

Ata uno de tus zapatos a una banda elástica. Ata uno de los zapatos de tu padre o de tu madre a la otra banda elástica.

¿Qué banda elástica se estira más?

El zapato más pesado es el que estira más la banda elástica. Ellas son como una balanza para **medir** el peso.

223

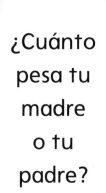

Tu peso es la medida de la fuerza con la que caes.

¿Cuánto pesas?

¿Cuánto pesa tu madre o tu padre?

98
85
167
50
48
91
225

Cuanto más peses, con más fuerza caerás.

Pero no tienes que caer para poder pesarte.

Una balanza te dice tu peso,

¡sin que tengas que caer!

Entonces, simplemente, súbete a una balanza.

¡Yupi!

Conozcamos a la autora y a la ilustradora

A **Vicki Cobb** le gusta poner a prueba a la gravedad en las pistas de esquí. La gravedad la atrae hacia una dirección… ¡hacia abajo! A Vicki le gustaban las actividades creativas y los experimentos que hacía en su escuela primaria en la Ciudad de Nueva York. Hacían que la ciencia fuera divertida. Le gustaba tanto aprender que hoy escribe libros para ayudar a otros niños a aprender de la misma manera.

Julia Gorton ve la gravedad en acción todos los días: mientras mira a sus tres hijos andar en patineta. Julia ilustra libros y da clases en una escuela de arte.

Propósito de la autora

Vicki hace, todo el tiempo, preguntas a los lectores en *Me caigo*. ¿Cuál es su propósito al hacer preguntas?

Respuesta a la lectura

Resumir

Piensa en los detalles clave para resumir la selección. Usa la tabla del propósito de la autora como ayuda para ordenar tus ideas.

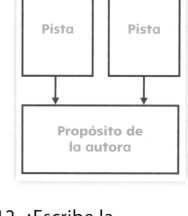

Pista	Pista

Propósito de la autora

Evidencia en el texto

1. ¿Cómo sabes que *Me caigo* es un texto expositivo? GÉNERO

2. Piensa en lo que leíste en la página 212. ¿Escribe la autora para entretener, informar o persuadir? ¿Cómo lo sabes? PROPÓSITO DE LA AUTORA

3. ¿Con qué compara la melaza la autora en la página 215 de la selección? Usa lo que sabes sobre símiles como ayuda para entender la descripción. SÍMILES

4. Escribe sobre el propósito de la autora al escribir *Me caigo*. Usa detalles de la selección para apoyar tu escritura. ESCRIBIR SOBRE LA LECTURA

 Haz conexiones

¿Cómo nos afecta la fuerza de gravedad? PREGUNTA ESENCIAL

Menciona algo que te haya sorprendido de lo que aprendiste sobre la gravedad en *Me caigo*. EL TEXTO Y EL MUNDO

Compara los textos
Lee sobre cómo se mueven
las cosas.

¡Muévelo!

Todo sobre el movimiento

Busca ejemplos de
empujes y jalones
que causen
movimiento.

El lugar donde algo se encuentra es su
posición. Cuando algo se mueve, cambia de posición.
Esto se llama movimiento. Pero ¿qué causa el
movimiento?

Piensa en un columpio. Al igual que otros objetos,
no puede moverse por sí solo. Necesita el empuje o
el jalón de una **fuerza** diferente. Una persona puede
empujar o jalar un columpio. El empuje y el jalón
hacen que se mueva hacia adelante y hacia atrás.

El movimiento en acción

¿Dónde puedes ver mucho movimiento? ¡En un partido de fútbol! Hay muchas fuerzas en juego. Cada patada es un empuje que mueve el balón. Si un jugador patea fuerte, el balón se mueve a una **velocidad** rápida. Con un golpe suave, se mueve lentamente. La velocidad es la distancia que recorre algo en cierto tiempo.

Un jugador puede patear el balón en línea recta. Él o ella pueden patearlo hacia arriba, pero la fuerza de gravedad lo hará bajar de nuevo. Si uno lo mueve en zigzag, lo aleja de otros jugadores. El portero puede empujar el balón y alejarlo. Mientras el partido continúa, el movimiento no se detiene.

Fuerza		
	Empuje	**Jalón**
	X	
		X
	X	

¿? Haz conexiones

¿Cómo afectan a los objetos las fuerzas de empuje y jalón? PREGUNTA ESENCIAL

¿Qué has leído sobre la fuerza de gravedad esta semana? EL TEXTO Y OTROS TEXTOS

¡Me picó la Luna!

Elena Dreser

Ilustraciones de
Mónica Yaniz García

Pregunta esencial

¿Qué vemos en el cielo?

Lee acerca de lo que un niño curioso
piensa sobre la Luna.

¡Conéctate!

Macario tiene tres años y **ganas** de saber mucho. Hasta hace poco tiempo, él creía que todo **funcionaba** con **pilas** y apagadores.

Me picó la luna © SM de Ediciones, S.A. de C.V., México, 2002.

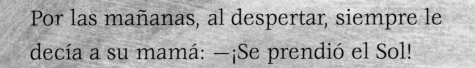

Por las mañanas, al despertar, siempre le
decía a su mamá: —¡Se prendió el Sol!

Y al anochecer, antes de dormir, siempre le decía a su papá: —¡Se apagó el Sol!

Su primita es un poco más grande. Se llama Micaela, y aprende muchas cosas en la escuela primaria.

Micaela le enseña a Macario cómo funciona todo: los juguetes, las linternas, los aparatos y hasta los seres de verdad.

Pero Macario es chiquito y
le cuesta trabajo entender.
Como aquella vez, cuando les
regalaron los silbatos.

El silbato de Micaela
era color amarillo con
rayas naranjas, parecía
un caracol. El silbato de
Macario era color azul con
rayas verdes, parecía un
pez.

235

Micaela sopló con fuerza en su silbato. Entonces se escuchó un precioso sonido como el piar de pequeños pájaros.

Pero Macario no sabía cómo soplar. De su silbato no salió ningún sonido, ni de pajaritos ni de pajarotes.

Así que Macario se enojó. Puso el silbato sobre una mesa, y dijo: —¡El mío no tiene pilas!

Micaela trató de enseñarle que los silbatos no usan pilas, que nada más suenan si alguien los sopla con mucha fuerza.

AHORA COMPRUEBA

Volver a leer ¿Por qué Macario dice que su silbato no tiene pilas? Vuelve a leer para comprobar lo que entendiste.

Pero es difícil para el pequeño Macario entender que algo puede funcionar sin pilas o sin botones de **encender** y apagar.

Una tarde el vecino de enfrente trajo un pequeño conejo blanco para enseñarlo a los niños. El conejo estaba asustado. Se movía mucho, como queriendo escapar.

Pero cuando Macario y Micaela acariciaron su pelusa suave, el conejito se quedó muy quieto.

Entonces Macario miró al vecino y le dijo:
—¡Se le terminó la pila!

El vecino soltó la risa; pero Micaela no. Con mucha paciencia, ella le enseñó a Macario que ese conejo tibiecito era de verdad, que estaba vivo.

Y que todos los seres vivos
se mueven sin pilas, sin
cables y sin apagadores.

Micaela también dijo, a su manera,
que los seres de verdad gritan,
muerden, patean, rasguñan y
algunos hasta pican.

Macario la escuchó con atención; pero sólo abrió los ojos muy grandes y dijo: —¿Sííí?

Macario se quedó **pensativo** por varios días.

Comenzó a mirar con mucho cuidado todo lo que veía moverse: el ventilador, las hormigas, los aviones y los pájaros.

Macario ya no hablaba tanto de pilas ni de apagadores. Parecía que, al fin, comenzaba a entender cuáles son seres vivos y cuáles no. Su prima Micaela le dijo muchas veces: "Hay cosas de verdad y hay cosas de mentiritas".

Pero una noche, hacía tanto calor dentro de la casa, que la familia entera decidió salir al jardín para tomar aire fresco.

AHORA COMPRUEBA

Volver a leer ¿Por qué Macario ya no habla de pilas ni de apagadores? Vuelve a leer para comprobar lo que entendiste.

La noche estaba muy
tranquila; y la familia también.
Se escuchaba el canto de las
ranas y de los grillos.

Los grandes hablaban. Micaela,
sentada en su pequeña silla,
jugaba con una muñeca.

Macario, sentado en la **hamaca**,
descubría el movimiento de la
Luna.

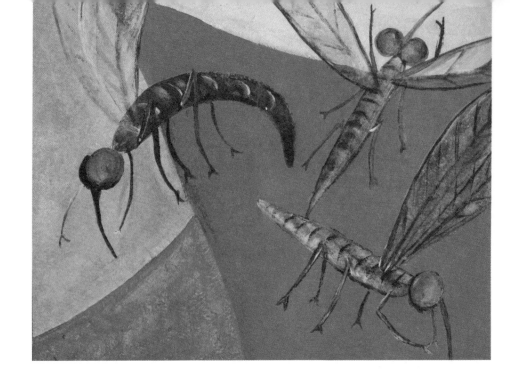

Y los mosquitos, siempre tan molestos, molestaban a todo el mundo.

Después de largo rato de estar sentado mirando el cielo, Macario preguntó: —Papá. ¿La Luna funciona con pilas muy grandotas?, ¿grandotototas como la pila de tu coche?

El papá contestó: —¡Noooo! ¡¿Cómo va a usar pilas?! ¡La Luna es de verdad! Se mueve sola.

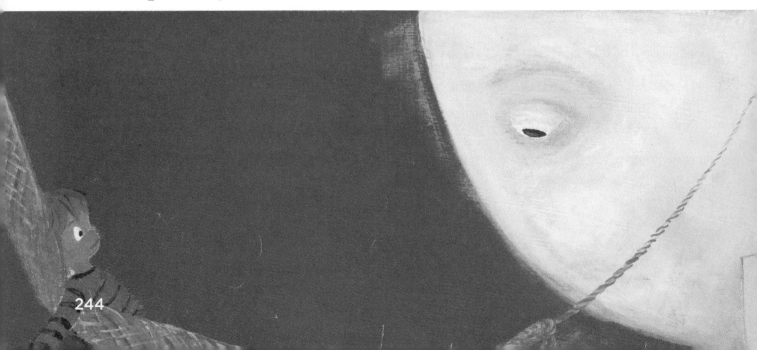

Macario se quedó en silencio, sentado con la boca abierta, mirando la Luna gorda.

Recordaba todo lo que le dijo Micaela de los seres de verdad: "a veces gritan, muerden, patean, rasguñan...".

De pronto, Macario sintió un piquete en la punta de la nariz. Brincó del susto, ¡y se cayó de la hamaca!

Y allí, tirado en el pasto, Macario
grito: —¡PAPÁ! ¡ME PICÓ LA LUNA!

247

A ver la Luna con Elena y Mónica

Elena Dreser nació en Argentina y vive en Cuernavaca, México. Sus libros recibieron muchos premios. Además de escribir, le encanta viajar y cultivar su jardín. Dice que de allí surgen muchas de las ideas para sus cuentos. Quiere llegar al corazón y a los intereses de los niños de hoy, contando aventuras de todos los días.

Mónica Yaniz García gusta de los colores alegres y brillantes. Sus ilustraciones son muy divertidas porque no hay nada más lindo para ella que la sonrisa de un niño.

Propósito de la autora

En *¡Me picó la Luna!*, la autora muestra cómo un niño pequeñito comienza a explorar y a descubrir el novedoso mundo que lo rodea. ¿Por qué crees que Elena escribió este cuento?

Respuesta a la lectura

Resumir

Piensa en el orden de los sucesos y haz un resumen del cuento. Usa la tabla de secuencia como ayuda para ordenar tus ideas.

Primero
↓
Después
↓
Luego
↓
Al final

Evidencia en el texto

1. ¿Cómo sabes que el cuento *Me picó la Luna!* es una ficción realista? **GÉNERO**

2. ¿Qué piensa Macario de todas las cosas que ve, al principio del cuento? ¿Qué sucede al final, cuando lo pica el mosquito? **SECUENCIA**

3. ¿Qué palabra compuesta podrías formar con la palabra *noche* de la página 242? **PALABRAS COMPUESTAS**

4. ¿En qué se diferencian el vecino y Micaela? Explica por qué. **ESCRIBIR SOBRE LA LECTURA**

 Haz conexiones

¿Qué ve en el cielo Macario, que llama tanto su atención? **PREGUNTA ESENCIAL**

¿Qué cambios se ven en el cielo a distintas horas del día? **EL TEXTO Y EL MUNDO**

Del día a la noche

Suena el despertador: *¡Pip! ¡Pip! ¡Pip!* Lo apagas, te desperezas y te levantas. Miras por la ventana y ves el cielo de día.

El cielo de día

Hoy el cielo está **despejado**. Es azul, hay nubes blancas y brilla el Sol. El Sol es lo que más brilla en el cielo. Parece pequeño, pero es porque está lejos de la Tierra.

A veces se ven nubes en el cielo durante el día.

El Sol

El Sol es una estrella. Como todas las estrellas, es una enorme bola de gases calientes. El Sol es mucho más grande que la Tierra. Es la estrella más cercana, pero hay muchas estrellas más en el cielo. ¡De hecho, hay tantas estrellas que no pueden contarse! Durante el día no podemos verlas porque la luz del Sol **ilumina** el cielo.

Hola, Sol. . . Adiós, Sol

Si observaras el Sol todo el día, te parecería que recorre el cielo. Pero el Sol no se mueve, sino que es la Tierra la que rota, aunque no lo notes. Tarda 24 horas, o un día, en dar una vuelta completa. Durante la mitad de ese tiempo, tu hogar está de frente al Sol: es de día. Pero el resto del tiempo, tu casa no mira al Sol. Por eso es de noche.

Cuando el Sol ilumina tu casa, es de día. Pero como la Tierra rota, cuando tu casa está opuesta al Sol, es de noche.

(t) Design Pics/Kristy-Anne Glubish (b) NASA/NOAA/SPL/Getty Images

Las estrellas parecen puntos de luz muy pequeños, pero, en realidad, son enormes.

El cielo de noche

Al final del día, miras por la ventana antes de irte a la cama. El cielo está despejado y oscuro: es de noche. También se ve parte de la Luna. Sin la luz brillante del Sol, puedes ver muchas estrellas.

La Luna

La Luna es una pelota grande de roca. La Tierra gira sobre sí misma; en cambio, la Luna gira alrededor de la Tierra. Tarda alrededor de un mes en dar una vuelta completa. La Luna refleja la luz del Sol. A lo largo del mes que tarda en dar una vuelta, varía la cantidad de luz solar que refleja. Esto modifica la manera en que la vemos. Creemos que la Luna ilumina la noche, pero en realidad es la luz solar que se refleja en ella.

Fases de la Luna

Vemos la Luna llena, también llamada plenilunio, una vez al mes.

 Haz conexiones

¿Qué ves en el cielo de día y en el cielo de noche? **PREGUNTA ESENCIAL**

¿Qué le gusta buscar o mirar a la gente en el cielo? **EL TEXTO Y OTROS TEXTOS**

BIBLIOBURRO

Una historia real de Colombia

Jeanette Winter

 Pregunta esencial

¿Cómo la gente ayuda a su comunidad?

Lee sobre un hombre que viajó a aldeas lejanas para llevar libros a la gente que no los tenía.

¡Conéctate!

254

En un pueblito de
Colombia vive un hombre
que ama los libros.

Se llama Luis.

En cuanto ha leído un libro,
lleva otro a casa. Pronto su
casa se llena de libros.

Diana, su mujer, se queja.

Luis se pone a pensar.

Finalmente se le ocurre una **idea**.

"Podría llevar mis libros hasta las zonas más **apartadas** y compartirlos con los que no tienen.

Un burro podría cargar los libros, y otro burro me llevaría a mí… ¡y más libros!"

Luis compra dos burritos fuertes.

Los llama Alfa y Beto.

Construye unas cajas y pinta unos letreros: "BIBLIOBURRO Biblioteca ambulante".

Después, Diana llena las cajas con libros.

Cada semana, Luis, Alfa y Beto **emprenden** el viaje por el campo hacia las **aldeas** más remotas, en los cerros solitarios.

Esta semana se dirigen a El Tormento.

BIBLIOBURRO

AHORA COMPRUEBA

Hacer y responder preguntas
¿Por qué Luis, Alfa y Beto van a
El Tormento? Vuelve a leer para
encontrar la respuesta.

261

Cuando quema el sol del mediodía,
Luis y los burros se detienen en un
arroyo para beber de su agua fresca.

Después de beber mucha agua, Beto
se niega a seguir.

Luis tira que tira de las riendas de Beto, pero Beto no se mueve.

¡Los niños nos esperan!

Por fin, el burro cede y cruza el arroyo.

263

El Biblioburro prosigue su camino
a través de los cerros, hasta que
por fin **divisa** unas casas allí abajo.

Los niños de El Tormento corren a recibirlo.

Luis **insiste** en leerles un cuento antes de que
escojan los libros que van a llevarse **prestados**.

—Hoy tengo una sorpresa para ustedes —dice.

Rebusca detrás de los libros
y saca varias máscaras… ¡de cerditos!

—Pónganse las máscaras. Hoy les voy a leer un
cuento de cerditos.

Cuando termina el
cuento, cada uno
puede elegir un libro.

Los niños sujetan bien sus libros, se despiden y regresan a sus casas.

Luis, Alfa y Beto vuelven a casa,
cruzando montañas,

praderas y arroyos, hacia donde
se pone el sol.

AHORA COMPRUEBA

Volver a leer ¿Hacia dónde
van ahora Luis, Alfa y Beto?
Vuelve a leer para encontrar la
respuesta.

271

En casa, Luis da de comer a sus hambrientos burros.

Diana sirve la cena a su marido.

Después, en lugar de irse a dormir,
Luis toma *su* libro y se pone a leer
bajo la noche estrellada.

Y lejos de allí, en los montes, también arden las velas y las linternas de los niños que leen sus libros bajo el mismo cielo estrellado.

Conozcamos a Jeanette

Jeanette Winter Cuando era niña, a Jeanette le encantaba escribir historias y dibujar. Ella quería ser artista. Estudió pintura, dibujo y escultura. Aprendió por sí misma a ilustrar libros y ha recibido muchos premios.

A Jeanette le gusta escribir sobre personas de la vida real. A menudo encuentra ideas para sus historias mientras lee el periódico. *Biblioburro* cuenta la historia de Luis Soriano, un maestro de escuela de Colombia. Cuando Luis comenzó a prestar libros en las aldeas, tenía solo 70 libros. ¡Ahora tiene más de 4800!

Propósito de la autora

¿Por qué crees que Jeanette escribió esta historia sobre Luis? ¿Cuál fue su propósito?

Respuesta a la lectura

Resumir

Busca detalles importantes en la selección. Usa los detalles para resumirla. La información de la tabla de propósito del autor puede ayudarte.

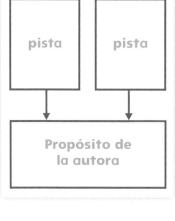

pista | pista

Propósito de la autora

Evidencias en el texto

1. ¿Cómo sabes que *Biblioburro* es narrativa de no ficción? **GÉNERO**

2. ¿Piensas que la autora escribió esta historia para informar, entretener o persuadir al lector? Encuentra en el texto detalles que apoyen tu respuesta. **PROPÓSITO DE LA AUTORA**

3. Busca en la página 260 un sinónimo de la palabra *apartado*. **SINÓNIMOS**

4. ¿Cómo muestra la autora que la lectura es importante? Explícalo usando los detalles. **ESCRIBIR SOBRE LA LECTURA**

Haz conexiones

¿Cómo ayuda Luis a su comunidad? **PREGUNTA ESENCIAL**

¿Qué aprendiste acerca de la lectura o de las bibliotecas con *Biblioburro*? **EL TEXTO Y EL MUNDO**

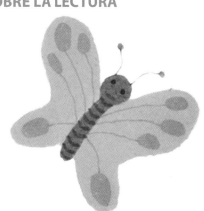

Compara los textos
Lee este cuento de Guatemala acerca de cómo unos campesinos solucionan un problema.

El caballito de los siete colores

En una pequeña aldea vivían campesinos que cultivaban maíz, calabazas y tomates. Los **vecinos** colaboraban en las tareas, y así el trabajo resultaba más sencillo. Pero todas las mañanas se encontraban con una triste sorpresa. ¡La huerta estaba revuelta y faltaban hortalizas!

Germán, uno de los más jóvenes, tuvo la **idea** de esconderse detrás de unos pastos altos.

—¡Así sabremos quiénes se llevan nuestros cultivos!

Apenas se escondió, divisó unos caballos que se acercaban. Eran de colores muy brillantes: rojo, azul, verde, amarillo. Germán corrió hacia ellos y lanzó una cuerda. Así logró atrapar a uno. ¡Tenía el pelaje con los colores del arcoíris!

El caballito no intentó escapar. Miró a Germán a los ojos y le ofreció: —Si me sueltas, haré que tus hortalizas germinen en un instante.

El joven aceptó el trato. Así fue como los vegetales crecieron más grandes que nunca. El caballo venía de una región donde los animales tenían poderes mágicos.

Germán llamó "Arcoíris" a su nuevo amigo. Y el caballo le prometió que regresaría cada año para ayudar con la siembra.

—Te esperaremos con alegría. ¡Ven con todos tus amigos! Organizaremos un gran banquete. Las hortalizas más deliciosas, ¡serán todas para ustedes!

¿ Haz conexiones

¿Conoces algún animal que pueda ayudar a las personas?
PREGUNTA ESENCIAL

Compara las distintas formas en que se ayuda a los demás en las tres selecciones de esta semana.
EL TEXTO Y OTROS TEXTOS

Anabella López

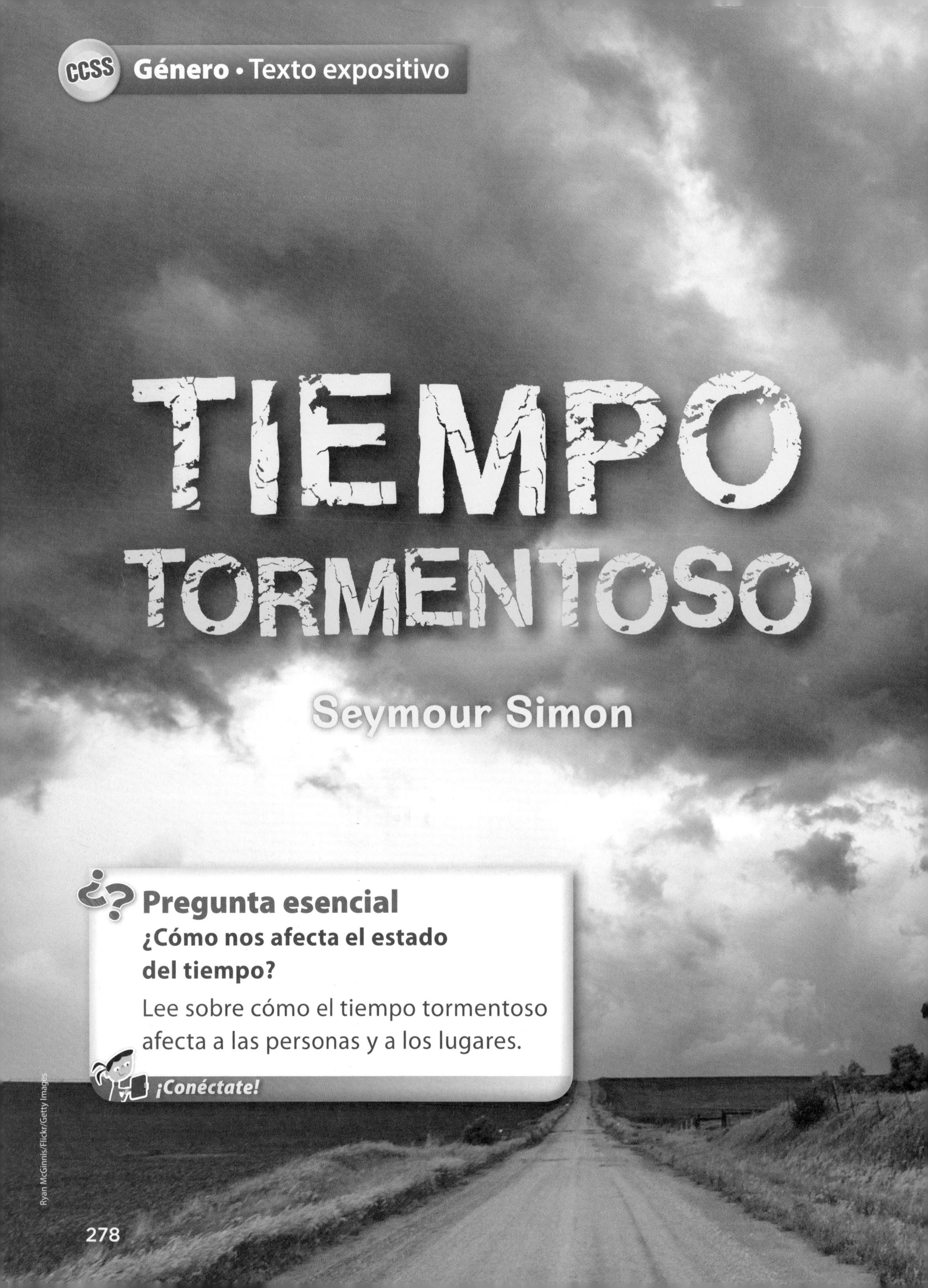

TIEMPO TORMENTOSO

Seymour Simon

Pregunta esencial

¿Cómo nos afecta el estado del tiempo?

Lee sobre cómo el tiempo tormentoso afecta a las personas y a los lugares.

¡Conéctate!

El aire está en todas partes. El aire se mueve y el viento sopla. Los cambios en el aire se llaman tiempo atmosférico.

Algunas veces, el tiempo es soleado y agradable. Otras, está nublado y lluvioso. Las tormentas son cambios repentinos y **bruscos** en el tiempo.

Tormentas eléctricas

Una tormenta eléctrica es una lluvia fuerte. En pocos minutos, pueden caer millones de galones de agua. Cientos de tormentas eléctricas se forman por segundo en todo el mundo. Suelen tener relámpagos y truenos, que son el sonido de los relámpagos.

Relámpagos

Un relámpago es una enorme descarga de electricidad. Un rayo tiene entre seis y diez millas de largo, pero solo un dedo de ancho. Además, su temperatura es mayor a la de la superficie del Sol. Puede ser muy peligroso y dañino. Por ejemplo, el calor de un rayo puede incendiar un árbol o una casa.

¿Te gustaría saber a qué distancia están los relámpagos que ves? Cuenta los segundos entre que ves un rayo y oyes el trueno. Cinco segundos equivalen a una milla. Si el ruido se oye uno o dos segundos después de que ves el rayo, tómalo como una **advertencia**. Significa que el rayo está muy cerca de ti.

Cómo se forman los relámpagos

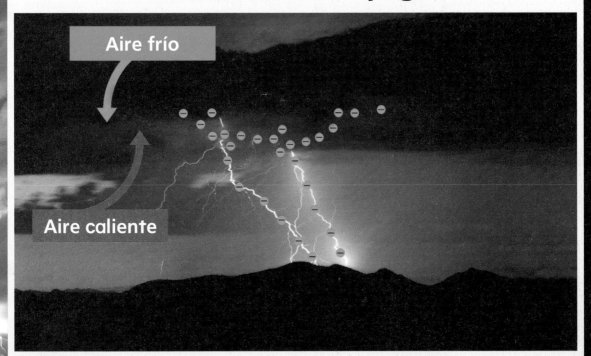

Aire frío

Aire caliente

Entre el suelo y las nubes se acumulan cargas eléctricas.

Tornados

A veces, las tormentas eléctricas originan tornados. Estos oscuros remolinos descienden desde la tormenta. El viento dentro de un tornado gira a cientos de millas por hora. Puede levantar camiones pesados, arrancar techos y **destruir** casas.

El 22 de mayo de 2011, hubo un tornado de una milla de ancho. Arrasó con la ciudad de Joplin, Missouri. El enorme tornado provocó muchos heridos. Destruyó edificios y dañó la mayor parte de la ciudad.

El tornado dañó esta casa en Joplin, Missouri.

Avisos y advertencias

Una advertencia anticipada por televisión, radio e internet puede salvar vidas. Una alerta temprana se llama aviso de tornado. Una advertencia de tornado significa que se ha visto un tornado. Por lo tanto, debes refugiarte.

AHORA COMPRUEBA

Hacer y responder preguntas
¿Qué significa una advertencia de tornado? Vuelve al texto para encontrar la respuesta.

Huracanes

Los huracanes son las tormentas más grandes de todas. Causan más heridos y destruyen más edificios que todas las otras tormentas juntas. Los huracanes se producen durante el verano y al comienzo del otoño. Se forman sobre las aguas cálidas del océano. A veces, se desplazan hasta alcanzar tierra firme. Los huracanes se extienden por cientos de millas. Sus peligrosos vientos soplan a una velocidad de entre 74 y 200 millas por hora. Las olas de las tormentas pueden arrasar costas, barcos y casas.

Danita Delimont/Alamy

AHORA COMPRUEBA

Hacer y responder preguntas ¿En qué época se producen los huracanes? Vuelve al texto para encontrar la respuesta.

En agosto de 2005, se produjo el huracán Katrina. Fue una de las peores tormentas de la historia. En Luisiana, muchas personas se quedaron sin hogar a causa de Katrina. El **daño** a las construcciones de la ciudad de Nueva Orleans costó miles de millones de dólares.

La lluvia del huracán Katrina inundó esta calle en Nueva Orleans.

Ventiscas

Los huracanes ocurren durante el tiempo cálido. En cambio, las ventiscas son grandes tormentas de nieve invernales. Caen dos o tres pulgadas de nieve por hora. Hay temperaturas bajo cero y los vientos intensos soplan ferozmente.

En febrero de 2007, una ventisca en el Día de San Valentín afectó a la mitad este de Estados Unidos. Fuertes nevadas cubrieron gran parte del país. Algunos lugares tenían hasta cuatro pies de nieve. Millones de casas estuvieron sin electricidad durante varios días. Cientos de personas se quedaron varadas en aeropuertos y autopistas nevadas.

Nadie puede **prevenir** una tormenta. El tiempo tormentoso existe en todos lados. Quizás algún día tu familia y tú se encuentren en medio de una tormenta. Si sabes con anticipación lo que hay que hacer, te sentirás más seguro en la próxima tormenta.

CONSEJOS DE SEGURIDAD

Aquí tienes consejos de seguridad ante una tormenta:

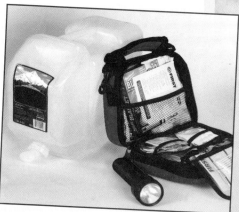

- No salir durante tormentas fuertes.
- Tener un botiquín de seguridad con botellas de agua y linternas.
- Alejarse de las ventanas.
- Mantenerse alejados de los cables eléctricos caídos.

CONOZCAMOS AL AUTOR

A **Seymour Simon** siempre le ha interesado la ciencia. Cuando era adolescente y vivía en Nueva York, era presidente del Club Juvenil de Astronomía. ¡Hasta construyó su propio telescopio para mirar las estrellas!

Seymour enseñó ciencia a niños durante muchos años antes de ser escritor, y no ha dejado de enseñar. "Nunca dejaré de hacerlo, no mientras siga escribiendo y hablándole a niños de todo el país y de todo el mundo". Seymour ha escrito más de 250 libros sobre ciencia y ha ganado importantes premios. Sus libros hacen que la ciencia sea clara, fácil de entender y divertida.

PROPÓSITO DEL AUTOR

¿Cuál fue el propósito de Seymour cuando escribió *Tiempo tormentoso*?

RESPUESTA A LA LECTURA

Resumir

Usa detalles importantes para resumir lo que aprendiste en esta selección. La información del cuadro de idea principal y detalles clave podría resultarte útil.

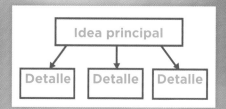

Idea principal		
Detalle	Detalle	Detalle

Evidencia en el texto

1. ¿Cómo sabes que *Tiempo tormentoso* es un texto expositivo? GÉNERO

2. ¿Cómo son los tornados? Justifica tu respuesta dando detalles de la selección. IDEA PRINCIPAL Y DETALLES CLAVE

3. Usa lo que sabes sobre los antónimos para descubrir el significado de la palabra *agradable* en la página 279. ANTÓNIMOS

4. Explica cómo son los huracanes. Utiliza detalles para describir a qué tipo de tiempo corresponden. ESCRIBIR SOBRE LA LECTURA

 Haz conexiones

¿Cómo nos afecta el tiempo tormentoso? PREGUNTA ESENCIAL

¿Qué aprendiste sobre los relámpagos a partir de la selección? EL TEXTO Y EL MUNDO

289

Compara los textos

Lee sobre los instrumentos que se usan para pronosticar el tiempo.

La veleta tiene una flecha. El viento mueve la flecha y así muestra la dirección del viento.

¿PUEDE PRONOSTICARSE EL TIEMPO?

La gente quiere saber cómo está el tiempo: si hace calor o frío, si lloverá o nevará. También es importante que sepa si habrá un **acontecimiento** climático peligroso, como una tormenta eléctrica.

¿Cómo está el tiempo hoy?

Existen instrumentos que sirven para determinar cómo está el tiempo. Algunos pueden usarse en el hogar. Por ejemplo, un *termómetro* indica la temperatura. Mide si el aire está cálido o frío. Una *veleta* indica la dirección del viento. La veleta gira y muestra de dónde viene el viento. Si la dirección del viento cambia, el estado del tiempo también cambiará.

El termómetro es un tubo con un líquido rojo. El líquido sube cuando afuera hace calor.

La imagen del radar muestra dónde están las tormentas importantes. El color rojo muestra zonas donde hay mal tiempo.

¿Cómo pronostican el tiempo los científicos?

Algunos instrumentos **meteorológicos** indican cómo está el tiempo en este momento y otros señalan cómo estará próximamente. La meteorología estudia el estado del tiempo. Usa instrumentos para predecirlo y así confecciona el pronóstico.

Los meteorólogos usan radares para controlar el tiempo mediante ondas de energía. Sus imágenes indican si se aproximan tormentas, lluvia o nieve. Cuando viene una tormenta fuerte, emiten una advertencia y muestran la velocidad y la dirección en la que esta se mueve.

Seguridad en una tormenta eléctrica

SÍ:
- Permanece en tu hogar.
- Si estás al aire libre, aléjate de lugares altos y abiertos.

NO:
- No te pares bajo un árbol.
- No te acerques ni te metas al agua.
- No andes en bicicleta.

Haz conexiones

¿Por qué los instrumentos nos resultan útiles para entender cómo nos afecta el tiempo? **PREGUNTA ESENCIAL**

¿Cómo pueden las personas mantenerse a salvo ante el mal tiempo? **EL TEXTO Y OTROS TEXTOS**

dmac/Alamy

Diferentes maneras de disfrutar de la música

Pregunta esencial

¿Cómo te expresas?

Lee sobre cómo las personas se expresan por medio de la música.

 ¡Conéctate!

¿Puede disfrutar de un concierto una persona sorda?

En un **concierto**, la música fuerte retumba desde el escenario. La banda toca las guitarras y otros **instrumentos**. La batería y los platillos resuenan. Los espectadores aplauden y cantan. Al terminar el concierto, sus oídos zumban. Pero, no es necesario escuchar para disfrutar de un concierto. A muchas personas incapaces de oír les encanta ir a conciertos.

Una mujer sorda y su hijo disfrutan de un concierto. Se sentaron cerca de un intérprete.

En este concierto de rock, una aficionada sorda se emocionó. Cuando la banda apareció, **ovacionó** a los músicos alzando su puño en el aire. ¡Tenía una gran sonrisa!

AHORA COMPRUEBA

Hacer y responder preguntas ¿Qué cosas sucederán en un concierto? Regresa al texto para encontrar la respuesta.

Mark Harrison/The Seattle Times

Tocar música

En algunos conciertos, tocan bandas de rock. En otros, orquestas. Una orquesta es un grupo de músicos que tocan sus instrumentos todos juntos. La mayoría de las orquestas tienen cuatro secciones.

A continuación, encontrarás la cantidad de instrumentos que hay en cada sección.

Instrumentos de la orquesta

cantidad de instrumentos

70
65
60
55
50
45
40
35
30
25
20
15
10
5
0

cuerdas | viento-madera | metal | percusión

secciones

Un intérprete es una persona que usa el lenguaje de señas para mostrar las palabras de una canción.

Observar las señas

Una forma en que las personas sordas pueden disfrutar de un concierto es observando a un intérprete. Los intérpretes utilizan movimientos **corporales** para transmitir lo que está sucediendo sobre el escenario. Al observar sus movimientos, se puede **entender** lo que la banda está cantando.

Los movimientos ayudan a las personas sordas a sentir lo que la música expresa. ¡Estas sillas sí que bailan rock!

Rock and roll y descanso

La tecnología es otra opción. Existe una silla especial que se mueve con el **ritmo** de la **música**. Las personas sordas sienten el ritmo en sus espaldas. Los **sonidos** bajos y suaves hacen que la silla se mueva más despacio. Las personas sienten el ritmo en la parte inferior de sus cuerpos.

El uso de intérpretes y de tecnología son formas en que la gente sorda puede disfrutar de un concierto.

Respuesta a la lectura

1. ¿Cómo sabes que esta selección es un texto expositivo? GÉNERO

2. ¿Cómo disfruta de un concierto una persona sorda? IDEA PRINCIPAL Y DETALLES CLAVE

3. Usa tus conocimientos sobre los prefijos para averiguar el significado de la palabra *incapaces* en la página 293. PREFIJOS

4. ¿Qué has aprendido sobre la tecnología que ayuda a las personas sordas a disfrutar de la música? EL TEXTO Y EL MUNDO

Compara los textos

Lee sobre un museo de instrumentos musicales y sonido.

Un museo musical

courtesy of the Musical Instrument Museum

Durante una visita reciente al Museo del Instrumento Musical, algunos visitantes tocaron un tambor de madera grande. Otro hombre rasgueó una guitarra. Una mujer y su hija escucharon **música** de África y de Asia. Las personas que visitan este museo en Phoenix, Arizona, buscan experimentar y aprender sobre distintos sonidos.

Escuchamos la energía

Fuente de las vibraciones de sonido

Las vibraciones de sonido se mueven en el aire.

Los oídos perciben las vibraciones como sonido.

Los humanos pueden oír casi todos los **sonidos**, pero algunos animales escuchan sonidos que tú no puedes oír. Los perros y los murciélagos, por ejemplo, pueden escuchar sonidos muy agudos que no llegan a los oídos de los humanos. ¿Qué sonidos te gusta escuchar?

El sonido es la energía que producen los objetos al moverse. Esos movimientos se llaman vibraciones y son como ondas. Cuando algo vibra, hace que el aire también vibre. Las ondas se mueven por el aire rápidamente. Podemos oír las vibraciones cuando las ondas llegan a nuestros oídos. Estos escuchan las ondas como sonidos.

Haz conexiones

¿Cómo te ayuda el sonido a expresarte? **PREGUNTA ESENCIAL**

¿Cómo se expresa la gente a través de la música? **EL TEXTO Y OTROS TEXTOS**

(l) Paul Hakimata/age footstock (r) Ryan McVay/Stone+/Getty Images

CCSS **Género • Texto expositivo**

La selva tropical

Nancy Smiler Levinson

Ilustraciones de Diane Dawson Hearn

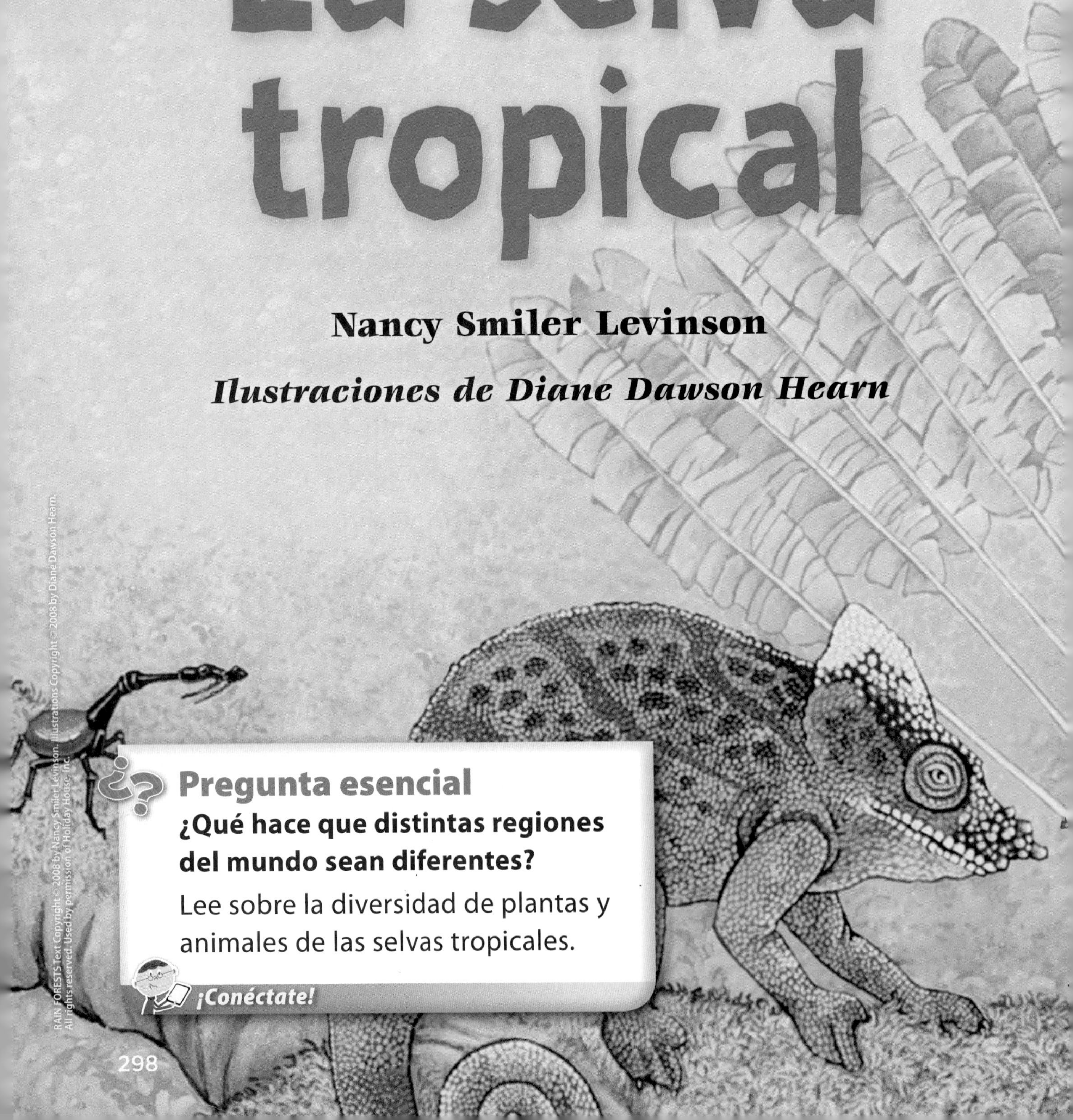

Pregunta esencial

¿Qué hace que distintas regiones del mundo sean diferentes?

Lee sobre la diversidad de plantas y animales de las selvas tropicales.

¡Conéctate!

La selva tropical es húmeda.
También es espesa, con una
amplia variedad de árboles y
plantas. Muchos animales viven
allí. Llueve la mayor parte del año.

La mayoría de estas selvas se concentra en **lugares** cálidos cerca del ecuador. Son las selvas tropicales. Otras se desarrollan en lugares frescos. Son las selvas **templadas**.

REFERENCIA

- Selvas tropicales
- Selvas templadas
- ❶ Noroeste del Pacífico
- ❷ Costa Rica
- ❸ Región amazónica de Perú
- ❹ Región amazónica de Brasil
- ❺ Costa de Brasil
- ❻ Cuenca del Congo
- ❼ Madagascar
- ❽ Borneo
- ❾ Nueva Guinea
- ❿ Tasmania

La selva tropical

Las selvas tropicales son cálidas y húmedas. ¿Qué cantidad de lluvia cae por año? ¡Entre 80 y 200 pulgadas! La temperatura es más o menos la misma todos los días. Todo el tiempo es verano.

Las selvas tropicales son junglas en donde crecen árboles, plantas y enredaderas. Allí viven miles de variedades de animales.

¡Un científico encontró cuarenta y tres tipos de insectos en un solo árbol! La selva tropical más grande del mundo está en la **región** del Amazonas en América del Sur.

Nivel emergente

arpías

lapacho

loros de cabeza azul

Las selvas tropicales tienen cuatro **niveles**. Cada nivel tiene sus propias formas de vida. El nivel superior es el emergente. Los árboles emergentes se asoman hacia el sol por encima de la selva, como rascacielos. Las águilas y los loros viven allí.

copa del
palo santo

monos
aulladores rojos

Manto

El segundo nivel se denomina *manto*. Es un techo viviente que cubre el bosque **espeso**. Está formado por las copas de los árboles que crecen muy cerca unos de otros.

guacamayos

taira

Los monos se alimentan con bayas y otros frutos. Las mariposas y los colibríes beben el néctar de las flores. Las enormes avispas, que pican, **se desplazan** sobre las hojas. Este nivel es el más activo de todos.

avispa

tití enano

orquídea

mariposa yema

colibrí cola de golondrina

mono ardilla

305

Sotobosque

coco
hediondo

coatí

paují de
copete / guaco

chacurú
rojizo / buco

pasionaria /
granadilla

jaguar

helecho
cuerno de
alce

mariposa
morfo

helecho
arborescente

El tercer nivel es el *sotobosque*.
Recibe poca luz del sol, que apenas
se filtra a través del manto. Allí
crece una pequeña cantidad de
flores. Los jaguares esperan en los
árboles, bajan de un salto y atrapan
a las presas.

Suelo forestal

hoatzin y
su cría

anaconda
verde

musgo

victoria
regia / irupé

308

El cuarto nivel es el *suelo forestal*.
Es oscuro y **escalofriante**. Allí hay
plantas, musgo, helechos, hojas
secas y millones de hormigas.

carpincho

helecho
terrestre

caracol
manzana

caimán

309

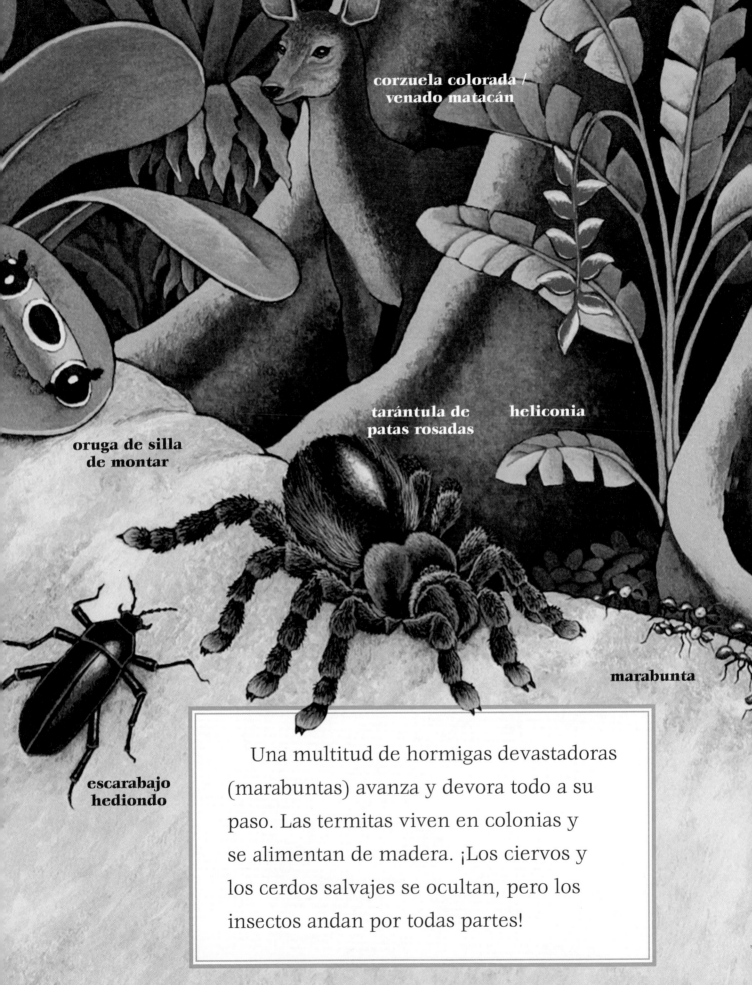

corzuela colorada /
venado matacán

tarántula de
patas rosadas

heliconia

oruga de silla
de montar

marabunta

escarabajo
hediondo

Una multitud de hormigas devastadoras
(marabuntas) avanza y devora todo a su
paso. Las termitas viven en colonias y
se alimentan de madera. ¡Los ciervos y
los cerdos salvajes se ocultan, pero los
insectos andan por todas partes!

310

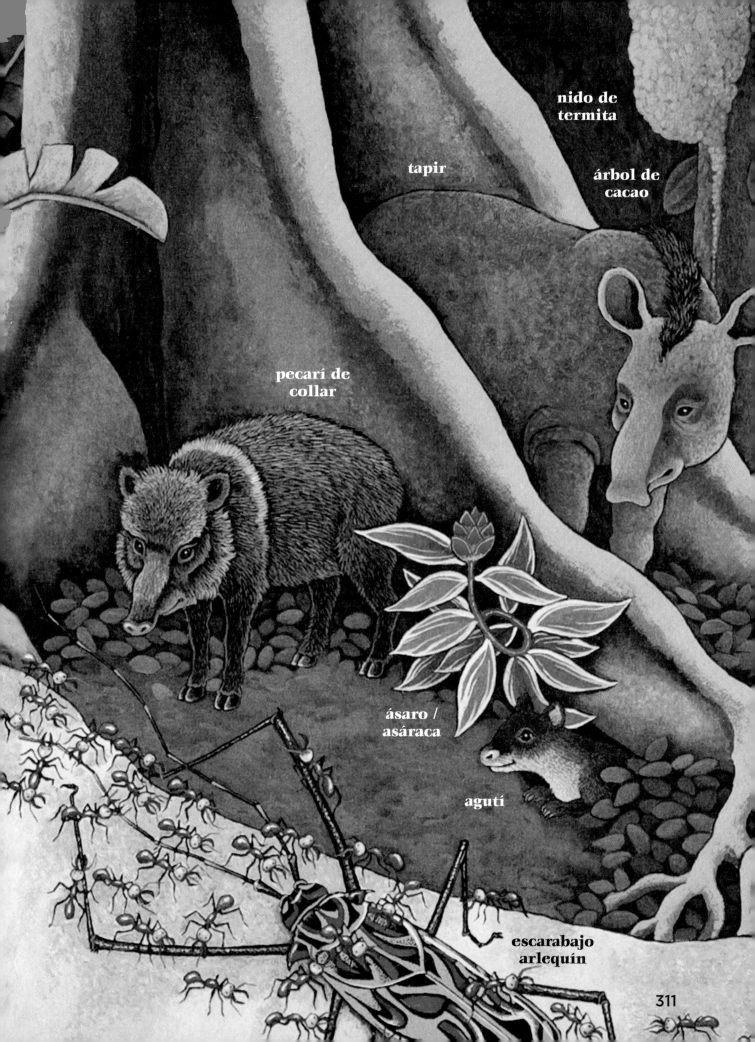

nido de
termita

tapir

árbol de
cacao

pecarí de
collar

ásaro /
asáraca

agutí

escarabajo
arlequín

311

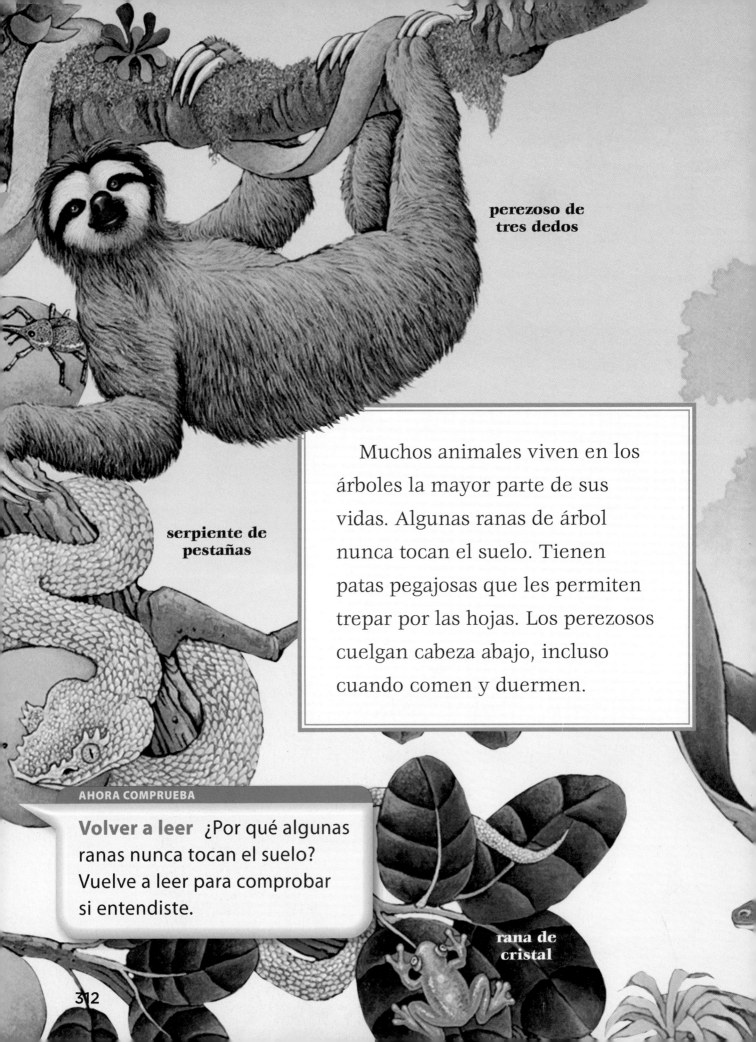

perezoso de tres dedos

serpiente de pestañas

Muchos animales viven en los árboles la mayor parte de sus vidas. Algunas ranas de árbol nunca tocan el suelo. Tienen patas pegajosas que les permiten trepar por las hojas. Los perezosos cuelgan cabeza abajo, incluso cuando comen y duermen.

AHORA COMPRUEBA

Volver a leer ¿Por qué algunas ranas nunca tocan el suelo? Vuelve a leer para comprobar si entendiste.

rana de cristal

La mayoría de las plantas necesita que sus raíces estén en la tierra para obtener agua y alimento, pero las plantas aéreas, como la orquídea y la bromelia, no. Crecen en los troncos de los árboles y obtienen agua y alimento del aire. Se las llama *epífitas*.

mono capuchino

rana gladiadora

313

búho moteado norteño

abeto de Sitka

águila calva / águila de cabeza blanca

La selva templada

La mayoría de las selvas templadas crece en la zona noroeste del océano Pacífico en América del Norte. ¿Qué cantidad de lluvia cae por año? ¡100 pulgadas aproximadamente! El clima varía según las **estaciones**.

La niebla y la neblina del Pacífico determinan veranos cálidos e inviernos templados. Las selvas templadas, como las tropicales, también tienen niveles, pero se ven distintas. Los rayos del sol llegan al suelo forestal. Algunos árboles son gigantes.

ciervo mula

puma

osezno negro

AHORA COMPRUEBA

Hacer y responder preguntas
¿En qué se diferencia la selva templada de la selva tropical? Vuelve a leer para hallar la respuesta.

El Bosque Nacional Tongass, en Alaska, es la selva templada más grande de Estados Unidos. Hay otras selvas al oeste de la península Olímpica, en el estado de Washington. La mayoría de los animales, como ardillas, alces y puercoespines, viven sobre el suelo forestal. En las selvas de la península Olímpica también crecen muchas plantas.

cuervo

alce

lince

mapache

repollo hediondo

garrote del diablo

315

Conozcamos a la autora y a la ilustradora

Nancy Smiler Levinson

Su interés por escribir libros infantiles surgió al leer para sus propios hijos. A Nancy le gusta investigar y escribir sobre situaciones reales porque le permiten compartir sus intereses. También se dedica a la ficción. En ocasiones, la gente le pregunta qué género disfruta más. Nancy suele responder: "¡Ambos!".

Diane Dawson Hearn

Ha ilustrado más de cincuenta libros. Diane dibuja desde divertidos personajes de historietas, hasta hermosas figuras de plantas y animales reales. Dedicó dos años a las ilustraciones de *La selva tropical*.

Propósito de la autora

¿Cómo usa Nancy los diagramas e ilustraciones para ayudar a entender los niveles de las selvas tropicales?

Respuesta a la lectura

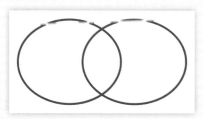

Resumir

Piensa en los detalles importantes de *La selva tropical* para resumir la selección. Usa un diagrama como ayuda para ordenar tus ideas.

Evidencia en el texto

1. ¿Cómo sabes que *La selva tropical* es un texto expositivo? **GÉNERO**

2. ¿Qué tienen en común las selvas tropicales y las templadas? ¿En qué se diferencian? Usa detalles de la selección para apoyar tu respuesta. **COMPARAR Y CONTRASTAR**

3. Usa lo que sabes sobre palabras compuestas para descubrir el significado de *rascacielos* en la página 303. **PALABRAS COMPUESTAS**

4. Escribe sobre los dos tipos de selvas. Usa detalles de la selección para mostrar semejanzas y diferencias. **ESCRIBIR SOBRE LA LECTURA**

Haz conexiones

¿Por qué las selvas tropicales son especiales? **PREGUNTA ESENCIAL**

Habla sobre una planta o un animal que viva en las selvas tropicales. **EL TEXTO Y EL MUNDO**

317

Compara los textos
Lee sobre una región especial en África.

Sabanas africanas

Plantas y animales

Una sabana es una **región** especial en África. En esta parte de África, el pasto alcanza gran altura. En la sabana no hay grupos de árboles como en el bosque. Pero hay una gran cantidad de árboles solitarios dispersos por las praderas. Crece la acacia, que tiene espinas enormes. Las hojas de este árbol son el alimento favorito de las jirafas. También crece el baobab, uno de los árboles más antiguos del mundo. ¡Alcanza el ancho de una casa! Un solo baobab alberga lagartijas, serpientes, ranas y pájaros durante todas sus vidas.

En la sabana vive una amplia variedad de animales. Es el hogar de las cebras, las suricatas y los leones.

Una manada de cebras deambula por la sabana, cerca de un baobab.

Hay más especies animales con pezuñas en la sabana africana que en cualquier otro lugar del mundo. Jirafas, elefantes, antílopes, búfalos y rinocerontes son algunos ejemplos.

Las estaciones

Piensa en el **lugar** donde vives. ¿Cómo es el clima en cada estación? La sabana africana tiene una estación húmeda y una seca. En la estación húmeda, llueve durante horas todos los días. Las lluvias se prolongan varios meses. Luego, pasan hasta cinco meses sin llover.

La sabana africana está cerca del Ecuador, la línea imaginaria que tiene la Tierra en las zonas más lejanas a los polos. Por eso, es un lugar cálido durante todo el año. Es un lugar especial, donde habitan plantas y animales interesantes.

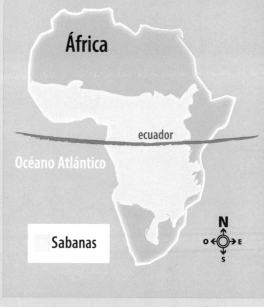

África

ecuador

Océano Atlántico

Sabanas

N
O E
S

Las sabanas cubren más de dos quintos de África.

Haz conexiones

¿Qué hace que la sabana africana sea diferente? **PREGUNTA ESENCIAL**

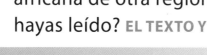
¿En qué se diferencia la sabana africana de otra región sobre la que hayas leído? **EL TEXTO Y OTROS TEXTOS**

Adam Bennie/Vetta/Getty Images

Pregunta esencial
¿Cómo cambia la Tierra?

Lee cómo los volcanes
cambian la Tierra.

¡Conéctate!

Los volcanes

Sandra Markle

Un día normal del mes de abril, sucedió algo fuera de serie. Una masa de lava hirviendo **explotó** y brotó de un volcán en Islandia. Una vez en el aire, las pequeñas gotas se enfriaron rápidamente y se transformaron en cenizas. Luego, el volcán continuó en erupción. Pronto, el aire se llenó de cenizas.

Cerca de ese lugar, un granjero condujo a sus vacas hacia el amplio granero de la familia. Su esposa dijo: "Fue un momento terrible. Podía oír los rugidos del volcán, como truenos lejanos. A pesar de que era de día, se hizo de noche rápidamente. Luego, empezaron a caer copos del cielo, pero no eran copos de nieve blancos. Eran copos negros. Cuando me tocaban la piel, se sentían como **arena**".

La erupción de este volcán tuvo un gran impacto sobre la población **local** y en todo el mundo. Entonces, ¿por qué entró en erupción?

Si la comparamos con el tamaño de toda la **Tierra**, la corteza terrestre es delgada. Está rota en trozos llamados placas. En lo más profundo, el núcleo de la Tierra está tan caliente que la roca que lo rodea se derrite.

La roca derretida se llama magma. A medida que se calienta, se eleva. Cuando está cerca de la corteza, se enfría y se hunde. Los investigadores creen que estas corrientes de magma hacen que las placas se muevan.

Debajo del suelo y del agua, la corteza terrestre está rota y dividida en placas que se mueven, aunque no se sienta. La más veloz se mueve solo 6 pulgadas por año.

¡Observa el magma tú mismo!

Puedes representar lo que sucede con el magma bajo las placas de la Tierra.

- Con ayuda de un adulto, hierve agua en una olla.
- Pon un puñado de pasas de uva en el agua.
- Observa. Verás cómo las pasas se hunden y, luego, vuelven a la superficie. El agua se calienta en la base de la olla y sube. Luego, se enfría en la superficie y se hunde. Las pasas se mueven en estas corrientes, como el magma que está debajo de la corteza de la Tierra.

Si las placas se mueven y se apartan lo suficiente, el magma llega a la superficie de la Tierra y puede explotar en el aire. Puede fluir sobre la superficie de la Tierra. Cuando el magma rebalsa, se llama lava.

La lava se derrama en distintos lugares del mundo. Si se junta demasiada lava en un solo lugar de la superficie de la Tierra, forma una montaña, es decir, un volcán. Muchos volcanes se encuentran a orillas del océano Pacífico. ¡Con razón se dice que es un anillo de fuego!

Los volcanes en el mundo

La lava puede tener diferentes **propiedades**, como, por ejemplo, ser fluida o viscosa. Si es fluida, se esparce por la superficie de la Tierra antes de enfriarse y volverse **sólida**. Este tipo de lava es la que forma los volcanes de escudo planos. El volcán Mauna Loa, en Hawái es un volcán de escudo. Se originó cuando un poco de lava manó de una grieta en el fondo del océano. Luego, la lava fue creciendo, acumulándose en capas. Una vez que la cima de la montaña asomó sobre la superficie del agua, formó una **isla**. El Mauna Loa sigue muy **activo**. Ha entrado en erupción 39 veces desde el año 1832.

El volcán Mauna Loa, en Hawái, es el más grande de la Tierra.

Este es el volcán que entró en erupción en Islandia.

Si la lava es viscosa, se apila sobre la superficie de la Tierra y origina un volcán con forma de cono y laderas empinadas. El volcán que entró en erupción en Islandia es un volcán con forma de cono. No es muy activo. La última vez que entró en erupción fue hace casi 200 años. Mientras estuvo inactivo, se acumuló mucho hielo sobre la montaña. Luego, en 2009, los investigadores descubrieron que el volcán estaba entrando en actividad nuevamente.

AHORA COMPRUEBA

Volver a leer ¿Qué formas puede tener un volcán? Vuelve a leer y halla la respuesta.

El magma llena una cámara dentro del volcán. Luego, hace presión hacia arriba como si se tratara de un tubo, hacia la grieta que está en la superficie, el cráter.

Los científicos saben que un volcán está por entrar en erupción cuando se hincha. Esto sucede porque el magma empuja hacia arriba desde adentro del volcán. La montaña no se hincha tanto como para que la gente se dé cuenta. Existen instrumentos especiales para medir estos movimientos. Otros instrumentos sirven para registrar los terremotos alrededor del volcán. La existencia de muchos terremotos es otro indicio de que el magma está subiendo dentro del volcán.

La lava del volcán de Islandia brotó por debajo de la capa de hielo. El hielo se derritió y se transformó en vapor. Si alguna vez viste cómo el vapor levanta la tapa de una cacerola, sabrás lo que sucedió luego. El vapor y el gas que escapó del volcán hicieron que el magma estallara en millones de gotitas diminutas. Estas gotas se enfriaron y se transformaron en ceniza. El viento la desparramó por toda Europa.

La ceniza volcánica podía dañar las partes del motor de un avión y era muy peligroso volar. Los aviones de todo el mundo estaban parados. Algunas personas estaban varadas.

Luego de la erupción en Islandia, las cenizas cubrieron el suelo.

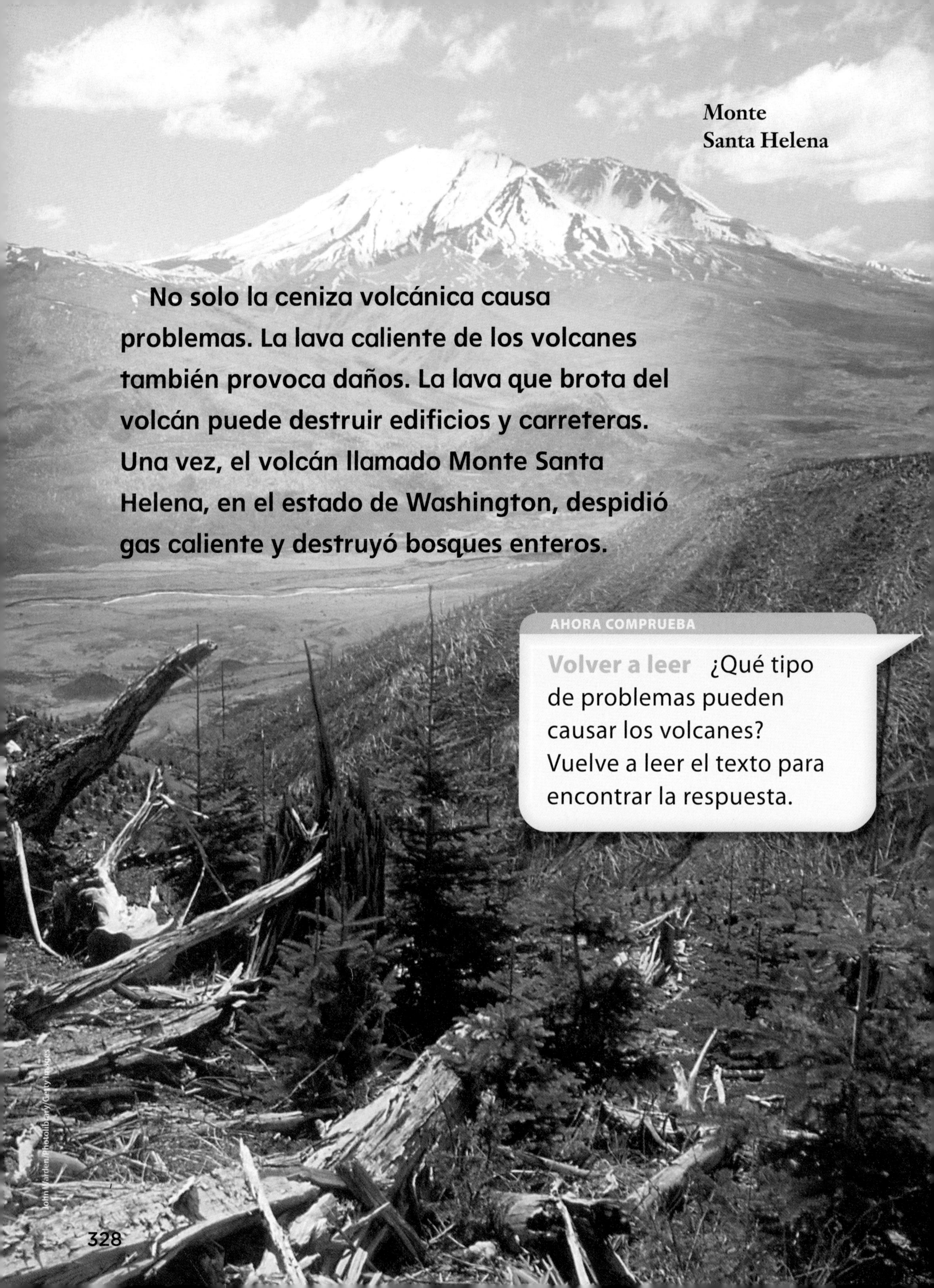

No solo la ceniza volcánica causa problemas. La lava caliente de los volcanes también provoca daños. La lava que brota del volcán puede destruir edificios y carreteras. Una vez, el volcán llamado Monte Santa Helena, en el estado de Washington, despidió gas caliente y destruyó bosques enteros.

AHORA COMPRUEBA

Volver a leer ¿Qué tipo de problemas pueden causar los volcanes? Vuelve a leer el texto para encontrar la respuesta.

John Warden/Photolibrary/Getty Images

328

Aquí, un granjero
está barriendo las
cenizas del techo.

No todas las consecuencias de las erupciones
volcánicas son negativas. Los volcanes forman
montañas e islas nuevas. En Islandia, los
investigadores descubrieron que los trocitos
de ceniza volcánica estaban cubiertos
con minerales que las plantas necesitan
para crecer. Luego de la erupción, el
productor de leche tuvo que trabajar
mucho para limpiar las cenizas de los
techos. Pero, en el campo, el pasto
creció rápidamente y tenía un saludable
color verde. Pronto, hubo mucha
comida fresca para sus vacas.

La ceniza crea un
lugar saludable para
que crezcan las
plantas.

Conozcamos a la autora

Sandra Markle escribe libros, crea programas de televisión y desarrolla aplicaciones en línea sobre temas relacionados con las ciencias. Vivió aventuras emocionantes mientras realizaba sus investigaciones. Observó los volcanes activos de Hawái, Nueva Zelanda y la Antártida. "¡Son una prueba impresionante de que la Tierra es un lugar en constante cambio!", dice Sandra.

Propósito de la autora

Sandra empieza esta selección hablando de un productor de leche. ¿Cómo te ayudó su historia a entender qué ocurre cuando un volcán entra en erupción?

Respuesta a la lectura

Resumir

Piensa en los detalles importantes
para resumir la selección. Usa
la tabla de causa y efecto como
ayuda para ordenar tus ideas.

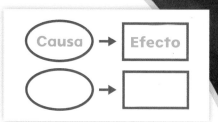

Evidencia en el texto

1. ¿Cómo sabes que *Los volcanes* es un texto expositivo? GÉNERO

2. ¿Por qué las pasas de uva se elevan y se hunden en el experimento de la página 322? CAUSA Y EFECTO

3. Utiliza las claves en la oración para descubrir el significado de la palabra *hinchar* en la página 326. CLAVES EN LA ORACIÓN

4. Escribe sobre cómo la lava provoca la creación de una isla.
   ESCRIBIR SOBRE LA LECTURA

 Haz conexiones

¿Cómo cambian la Tierra los volcanes?
PREGUNTA ESENCIAL

¿Qué te enseñaron las fotos acerca de los volcanes? EL TEXTO Y EL MUNDO

Al rescate

Los incendios forestales son grandes incendios que ocurren en los bosques. Una **propiedad** es que avanzan rápidamente y es muy difícil detenerlos. A veces se producen por relámpagos o *sequías*. También se extienden cuando soplan vientos secos y calientes.

Los incendios forestales producen muchos cambios en la **Tierra**. Algunos se ven de inmediato: se queman árboles y todo tipo de plantas. Hay otros que se notan un tiempo después: algunas plantas vuelven a crecer.

Rescate de personas

Cuando hay un incendio forestal cerca, no es seguro para las personas quedarse en sus hogares. Los bomberos les informan acerca del incendio.

age fotostock/SuperStock

332

Si el fuego se aproxima mucho, los bomberos avisan a las personas que deben abandonar sus casas. Un incendio puede llegar a impedir el paso de los autos. Entonces, los bomberos usan un helicóptero para el rescate.

Rescate de animales

La mayoría de los animales sabe cómo escapar del incendio: corre, vuela o se mete bajo tierra. Aquellos que son demasiado jóvenes o están heridos no pueden escapar. Los rescatistas los ayudan. Los llevan a *refugios* donde curan animales dañados por el fuego o el humo. Trabajan en conjunto para ayudar a otras personas y a los animales a resguardarse del fuego.

Un rescatista llamado David Tree salvó a este koala llamado Sam.

 Haz conexiones

¿Cómo cambia la Tierra luego de un incendio forestal? PREGUNTA ESENCIAL

Compara los cambios que ocasionan los incendios y los que producen los volcanes en la Tierra. EL TEXTO Y OTROS TEXTOS

Pregunta esencial

¿Cuáles son las diferencias entre los niños del mundo?

Lee sobre dos primos que viven en Estados Unidos y en República Dominicana.

¡Conéctate!

El olor del mar

Ricardo Alcántara
ilustraciones de Steven Mach

Jimena tenía ocho años, el cabello rizado y la
sonrisa fácil. Era delgada, inquieta y no demasiado
alta para su edad.

Jimena había nacido y crecido en la provincia de
Samaná, República Dominicana, muy cerca del
mar. Quizá por eso el mar era su gran amigo, su
compañero inseparable.

Tan pronto despertaba, desayunaba rápidamente
y corría a su encuentro. Al salir de la escuela,
también iba a visitar a su amigo.

Solía quitarse los zapatos y pararse junto a la orilla. El mar iba y venía, como si jugara con sus pies descalzos.

Jimena cerraba los ojos, aspiraba hondo y sonreía.

Aquel era su aroma **favorito**: el olor a mar.

339

Los sábados por la mañana, la niña iba a la biblioteca del barrio. Aunque en la sala estaba **rodeada** de libros, su intención no era leer. Allí le dejaban usar una computadora.

Sentada frente a la pantalla, le enviaba mensajes a su primo Alejandro.

Alejandro era un poco mayor que ella, había
cumplido nueve años. Era un niño solitario,
callado, con ojos grandes, oscuros y tristes.

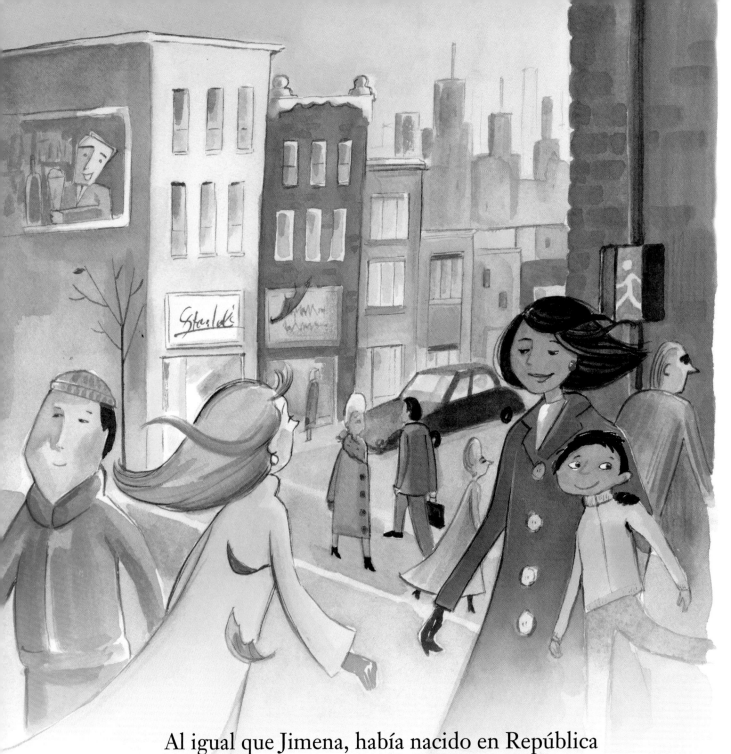

Al igual que Jimena, había nacido en República Dominicana. Pero, siendo un bebé, sus papás se mudaron muy lejos: a Chicago.

AHORA COMPRUEBA

Visualizar ¿Cómo imaginas la llegada de Alejandro a Chicago? Aplica la estrategia de visualizar para ayudarte.

Alejandro no tenía recuerdos de su país ni de su familia. No había vuelto a ver a sus abuelos ni a sus tíos. Cada sábado se escribía con su prima Jimena, a la que tampoco conocía.

Para descubrir cómo era Jimena, Alejandro le pidió una foto. Jimena le envió tres. En una llevaba un **disfraz** de Caperucita Roja. En otra participaba en un **desfile** de la escuela. Y en la tercera estaba descalza, parada junto a la orilla del mar.

Alejandro colocó las fotos en su habitación, junto
a la computadora.

Por la noche, antes de apagar la luz, se despedía
de Jimena. "Hasta mañana", le decía.

A pesar de la distancia, Jimena y Alejandro se sentían muy unidos.

Cada sábado aprovechaban para contarse sus cosas. Algunas veces se sorprendían con lo que le escribía el otro.

A Jimena se le ocurrió preguntarle a su primo:

¿Cómo es tu casa?

El niño respondió:

Vivo en un edificio muy grande. Hay tantos vecinos que ni siquiera conozco a la mitad.

Jimena quedó impresionada. En su barrio se conocían todos, pues los vecinos llevaban allí muchos años.

AHORA COMPRUEBA

Visualizar ¿Cómo te imaginas la casa de Jimena? Aplica la estrategia de visualizar para ayudarte.

En otra ocasión, fue Alejandro quien le preguntó
a ella:

¿Quién te lleva a la escuela?

Nadie. Voy andando sola.

Alejandro quedó impresionado. A él sus papás no lo
dejaban ir solo. Siempre lo acompañaban y lo recogían
a la salida de la escuela.

Pero la mayor de las sorpresas estaba por llegar. Un
buen día, Jimena le preguntó a Alejandro:

¿Cómo es el mar allí? ¿Qué color tiene? ¿A qué huele?

No conozco el mar. Está lejos de aquí. Jamás lo vi.

La niña pensó que era una broma. Le costaba creer que no conociera el mar. "¿Cómo puede vivir sin tenerlo cerca?", **se preguntaba**.

Al salir de la biblioteca, Jimena se dirigió a la playa. Se sentó junto a la orilla con la mirada en el horizonte. Pensaba y pensaba.

Le dio tantas vueltas que, por fin, se le ocurrió algo.

Se levantó de un salto y corrió hacia la biblioteca. Pero era el mediodía y estaba cerrada.

"¡Ay, caramba!", murmuró. Ella era muy impaciente y no le gustaba esperar.

Regresó a su casa andando lentamente.

Por la tarde, cuando abrieron la biblioteca, ella esperaba junto a la puerta. Dándose prisa, le envió un mensaje a su primo.

Cuando Alejandro leyó el mensaje quedó sin
palabras. No podía reaccionar.

Por un lado le apetecía muchísimo conocer a su
familia. Pero sus papás no podrían acompañarlo,
pues tenían que trabajar. Tendría que **viajar** solo,
y eso lo asustaba bastante.

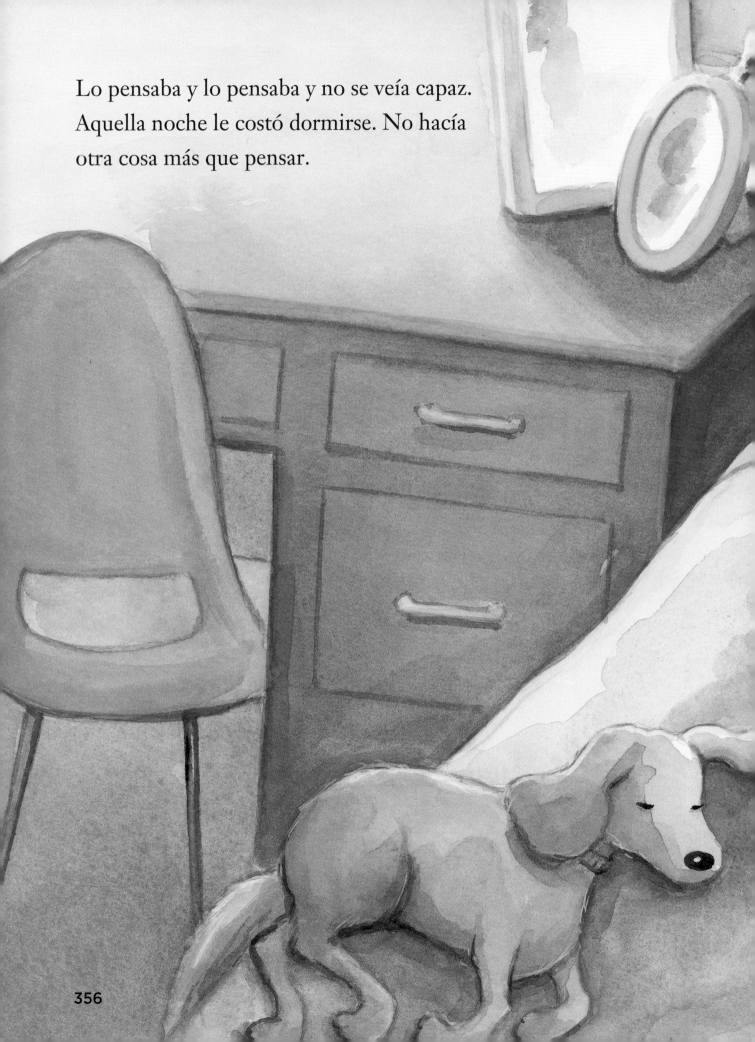

Lo pensaba y lo pensaba y no se veía capaz. Aquella noche le costó dormirse. No hacía otra cosa más que pensar.

A la mañana siguiente, decidió escribirle a su prima.

Jimena, ¿a qué huele tu mar?

Ese día Jimena no se acercó a la biblioteca. Era domingo y sabía que estaba cerrada. Pero el lunes, a primera hora, se presentó en la sala. Algo le decía que podría tener un mensaje de su primo. ¡Y así era!

Luego de leerlo, le contestó rápidamente:

Mi mar huele a sonrisas, a alegría, a felicidad.

Al leer el mensaje, Alejandro ya no tuvo dudas.
"Pues sí, tengo que conocerlo", pensó.

En cuanto sus papás llegaran a casa, hablaría con
ellos. Les pediría que lo dejaran ir. Necesitaba
sentir el olor de aquel mar.

En la orilla del cuento

Ricardo Alcántara

Nací en Montevideo, allí hay un río grande como un mar. Luego viví en São Paulo, allí fui casi feliz. No logré serlo del todo porque me faltaba el mar. Desde hace años estoy en Barcelona; aquí hay un mar tan intenso que suaviza la añoranza que siento por aquel río tan grande que algunos confunden con el mar.

Propósito del autor

¿Por qué crees que Ricardo escribió este cuento? ¿Para entretenernos o para enseñarnos algo?

(inset) Jaume Marony Valmaña

362

Respuesta a la lectura

Resumir

Piensa en los detalles importantes para resumir el cuento. Usa la tabla de comparar y contrastar como ayuda para ordenar tus ideas.

	Jimena	Alejandro
Dónde viven		
Cómo son		

Evidencia en el texto

1. ¿Cómo sabes que *El olor del mar* es ficción realista? GÉNERO

2. ¿Cómo van a la escuela Jimena y Alejandro? Usa detalles del cuento para apoyar tu respuesta. COMPARAR Y CONTRASTAR

3. Usa lo que sabes sobre símiles para descubrir el significado del símil en la página 338. SÍMILES

4. Escribe sobre los lugares donde viven Jimena y Alejandro. Usa detalles para contar cómo se vive en cada lugar. ESCRIBIR SOBRE LA LECTURA

Haz conexiones

¿Cuáles son algunas de las distintas costumbres que tienen Jimena y Alejandro?
PREGUNTA ESENCIAL

¿Se vive del mismo modo en los distintos países del mundo? EL TEXTO Y EL MUNDO

Compara los textos
Lee acerca de los juegos de todos los niños del mundo.

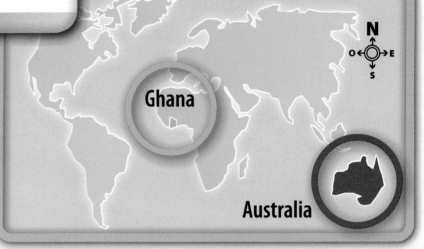

Mapamundi

Ghana

Australia

N
O E
S

Juegos en todo el MUNDO

¿A qué les gusta jugar a ti y a tus amigos? ¿Les agradan los juegos al aire libre, donde se pueden mover? Quizás prefieran entretenerse en casa con juegos de mesa o de computadora.

Los niños se divierten de distintos modos. Los juegos son parte de las **costumbres** de un país. Estos son algunos juegos infantiles de diferentes países.

Atrapado en el lodo

El juego de persecución es muy **común** en todo el mundo. En Australia existe uno llamado "atrapado en el lodo". Un niño es el "perseguidor" que "toca" a los demás jugadores. El que fue tocado se queda quieto en ese lugar, como si estuviese atrapado en lodo pegajoso. Los otros jugadores pueden liberarlo. Para hacerlo, deben pasar bajo las piernas del que está inmovilizado. El juego termina cuando quedan todos atrapados en el lodo.

Estos niños de Australia están jugando a "atrapado en el lodo".

Oware

Los niños de Ghana se entretienen con un juego de mesa llamado *oware*. Este es uno de los juegos más antiguos del mundo. Dos jugadores usan un tablero de madera que contiene 12 hoyos. Los jugadores tienen 48 fichas, que por lo general son frutos secos, frijoles o piedritas. Deben planear cómo mover las fichas de hoyo en hoyo. El juego ayuda a ser bueno en matemáticas.

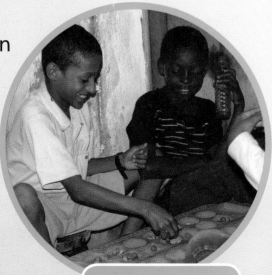

Estos niños de Ghana están jugando al oware.

(t) Culture Creative/Alamy (b) Marie-Laure Stone/FotoLibra

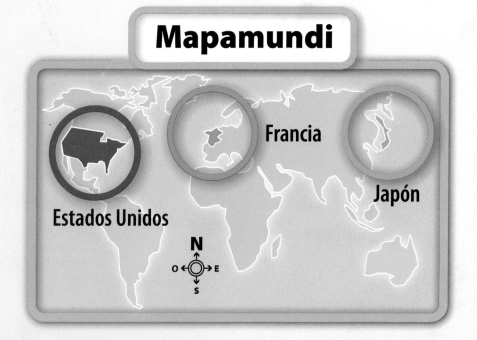

Mapamundi

Francia

Japón

Estados Unidos

N
O ← → E
S

Saltar la cuerda

Los niños y las niñas de todo el mundo han jugado por cientos de años a *saltar la cuerda*. ¡Lo único que necesitan es un trozo de soga! Los colonos de Holanda trajeron este juego a América hace mucho tiempo.

Hoy algunos utilizan más de una cuerda. Los jugadores pueden hacer trucos, como vueltas y giros. Incluso hay concursos para ver quién puede saltar más veces o hacer las mejores piruetas.

Esta niña, que está en el medio, debe *saltar dos cuerdas.*

© Ocean/Corbis

366

Caracol

En Francia los niños juegan al *caracol*. Se parece a la rayuela americana. Los jugadores dibujan con tiza un caracol en el patio o en la acera. Marcan cuadros dentro del caparazón del caracol. Luego saltan hacia el centro en un solo pie. Como en la rayuela, pierden su turno quienes apoyan los dos pies en el suelo.

Estos niños están jugando al *caracol*. Deben saltar a través de los cuadros en un pie.

Ayatori

En Japón, los niños se entretienen con un juego de cuerdas llamado *ayatori*. Primero atan una cuerda por sus extremos. Luego la enroscan en sus dedos y hacen con ella distintas figuras. Por ejemplo, formas de escoba o de escalera. Se puede jugar solo o con un amigo. Los niños de todo el mundo tienen diferentes juegos. Sin importar dónde vivan, ¡saben cómo divertirse!

Estos niños están jugando al *ayatori*.

Haz conexiones

¿En qué se diferencian los juegos de los niños del mundo? **PREGUNTA ESENCIAL**

Imagina a qué juegan Jimena y Alejandro en su tiempo libre. **EL TEXTO Y OTROS TEXTOS**

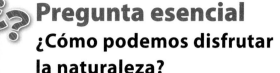

Pregunta esencial
¿Cómo podemos disfrutar la naturaleza?

Lee acerca de la carrera entre un saltamontes y un caracol.

¡Conéctate!

EL SALTAMONTES Y EL CARACOL

Alexis Romay

Ilustraciones de Cristian Cánepa

Esta obra de teatro, escrita en verso, está inspirada en una fábula de Esopo, un esclavo de la antigüedad griega. Los personajes son animales que hablan en versos de ocho sílabas. La rima de los versos es consonante. Las indicaciones de cómo **representar** la **escena** han sido escritas en prosa. ¡Arriba el telón!

Escenografía

Aunque esta obra de teatro se desarrolla en medio de la **espesura**, el bosque está atravesado por una **alameda**, que es donde van a competir los protagonistas.

Personajes

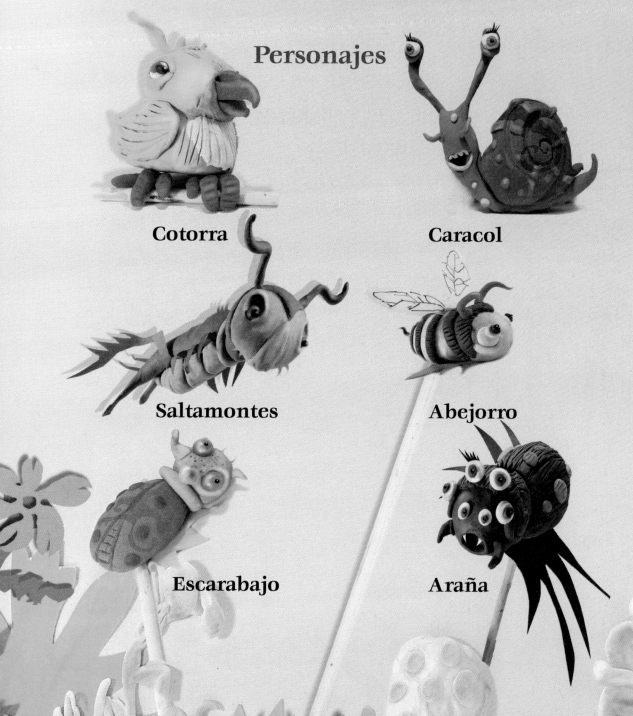

Cotorra

Caracol

Saltamontes

Abejorro

Escarabajo

Araña

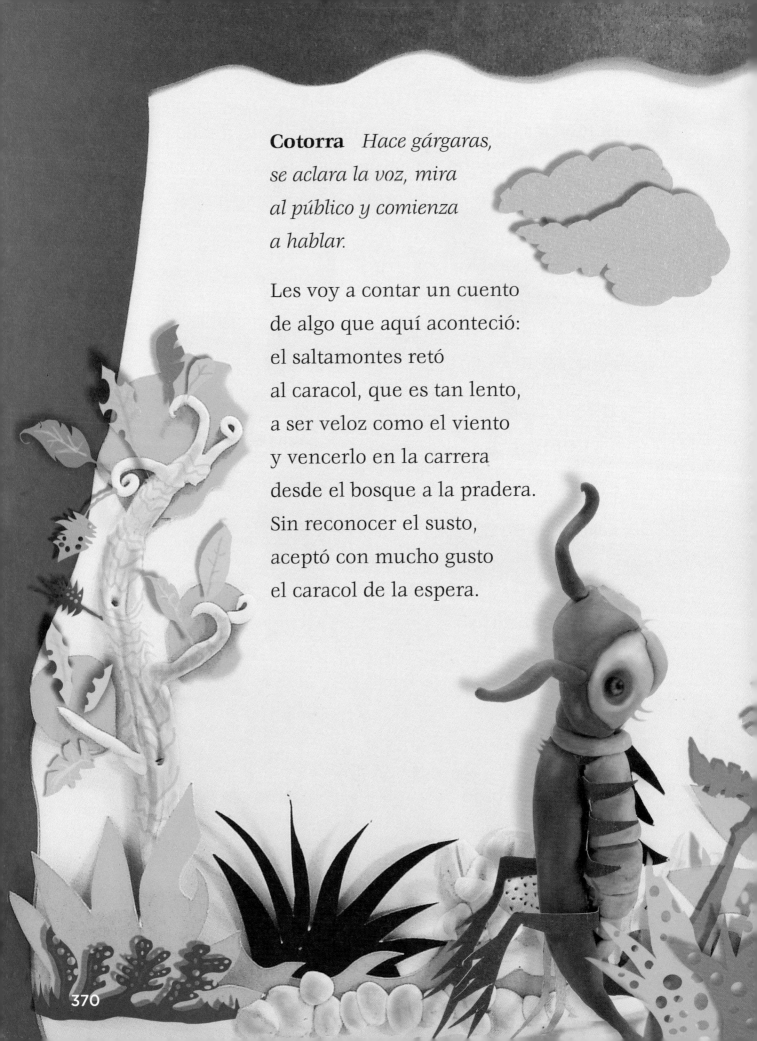

Cotorra *Hace gárgaras,*
se aclara la voz, mira
al público y comienza
a hablar.

Les voy a contar un cuento
de algo que aquí aconteció:
el saltamontes retó
al caracol, que es tan lento,
a ser veloz como el viento
y vencerlo en la carrera
desde el bosque a la pradera.
Sin reconocer el susto,
aceptó con mucho gusto
el caracol de la espera.

Saltamontes *Se pasea por el escenario con una sonrisa,*
pues ya sabe que va a ganar la competencia.

Yo soy más veloz que el rayo,
soy una estrella fugaz.
El caracol no es capaz
de vencerme. ¡Ni un caballo!
Saltaré de tallo en **tallo**.
Brincaré de rama en rama,
contemplando el panorama.
Y cuando llegue a la meta,
me celebrará un poeta.
Así alcanzaré la fama.

AHORA COMPRUEBA

Visualizar ¿Cómo será el recorrido del saltamontes? Aplica la estrategia de visualizar para ayudarte.

Caracol *Moviéndose
lentamente rumbo a la línea
final, habla sin detenerse.*

Mi carrera es paso a paso.
Me deslizo despacito.
Voy por este caminito,
y sé que voy con atraso.
Pero sigo, por si acaso.
La carrera no es reñida,
mas no la doy por vencida.
Pues triunfa quien persevera.
La vida es una carrera
que dura toda la vida.

Cotorra *Saca un micrófono de último modelo y le hace una seña al abejorro para que tome nota.*

Ya vemos al saltamontes,
que se sabe ganador,
disfrutando del verdor
de la maleza y los montes.
Piensa en otros horizontes,
y hasta da por terminada
esta carrera empezada
cuando despuntaba el sol.
Se burla del caracol
con el gesto y la mirada.

Saltamontes   *Para celebrar*
su victoria por anticipado,
saca una flauta y se pone
a tocar música para
la araña, el escarabajo
y unos animales que pasaban
por ahí; luego, señala al caracol.

¿Sabes por qué estoy sonriendo?
¡Me da risa tu optimismo!
Tiene un toque de lirismo.
¿Por qué es que estás compitiendo?
¿No ves que sigues perdiendo?
Si vas a pie, voy en coche.
Soy de la gracia un derroche.
Voy repartiendo armonía.
Soy tan veloz como el día;
tú eres lento cual la noche.

Araña   *Nota que mientras el saltamontes ha estado jactándose de su velocidad, el caracol se ha ido acercando cada vez más a la meta.*

Oh, Saltamontes, tú que eres
un prodigio musical,
gloria del reino animal,
el más veloz de los seres,
tú que alcanzas lo que quieres,

me ha dicho el escarabajo
que el caracol, con trabajo,
ha logrado adelantarte.
¿Sabrás cómo disculparte?
¿Terminarás cabizbajo?

Caracol *Sorprendido y un poco cansado después de esforzarse tanto, pero feliz de haber llegado a la meta.*

Casi no puedo creer
que terminé la carrera.
Yo, el caracol de la espera,
que no puede ni correr,
no quise desfallecer
y no me di por vencido
porque estaba convencido
de que podía llegar
y con mi esfuerzo ganar
a mi amigo presumido.

AHORA COMPRUEBA

Visualizar ¿Por qué el caracol llegó antes a la meta? Aplica la estrategia de visualizar para ayudarte.

Cotorra *Saca otro micrófono de último modelo, más nuevo que el anterior, y se dirige al público.*

Y aquí está la moraleja
que nos enseñara Esopo,
para contársela al topo,
también a la comadreja.
La lección es sabia y vieja:
cuando es larga la distancia,
gana la perseverancia.
Ya lo vio el espectador:
te declaro vencedor,
caracol de la **constancia**.

¡ARRIBA EL TELÓN!

ALEXIS ROMAY nació y creció en Cuba. Escribe novelas, cuentos, poemas y letras de canciones. Toca varios instrumentos y le gusta el fútbol. Vive en Nueva Jersey, con su esposa, su hijo, sus perros y varios libros. Su palabra predilecta es *libertad*.

CRISTIAN CÁNEPA nació en Argentina, es ilustrador y artista plástico, y ningún insecto escapa a su lápiz. Su secreto es dibujar cada día.

PROPÓSITO DEL AUTOR

¿Por qué crees que Alexis eligió una obra de teatro para contar esta fábula?

RESPUESTA A LA LECTURA

RESUMIR

Usa las pistas para resumir *El saltamontes y el caracol*. Usa la tabla de tema como ayuda

Pista
↓
Pista
↓
Pista
↓
Tema

EVIDENCIA EN EL TEXTO

1. ¿Cómo sabes que *El saltamontes y el caracol* es una obra de teatro? **GÉNERO**

2. ¿Cuál es el tema principal de *El saltamontes y el caracol*? **TEMA**

3. ¿Cuál es la raíz de la palabra *adelantarte* en la página 375? **RAÍCES DE PALABRAS**

4. Escribe por qué el saltamontes llega a la meta después que el caracol. **ESCRIBIR SOBRE LA LECTURA**

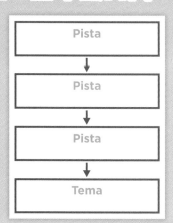

 Haz conexiones

En esta obra de teatro, ¿qué aprendiste sobre cómo podemos disfrutar de la naturaleza? **PREGUNTA ESENCIAL**

¿Qué aprendiste sobre competir y la constancia? **EL TEXTO Y EL MUNDO**

Compara los textos

Lee este cuento folclórico de Ecuador acerca de un niño cazador.

EL PEQUEÑO ETSA

Adaptación de una leyenda shuar

Etsa sabía que no tenía ninguna semejanza con su padre. Es que su padre lo enviaba todos los días a cazar aves. Etsa sufría cazándolas.

Un día, Etsa no escuchó ni trinos ni aleteos en la selva. ¿Dónde estaban las aves?

Entonces apareció una paloma.

—Hola, Etsa, yo soy Yápankam —dijo la paloma temerosa—. Soy la última paloma aquí. ¿Me cazarás a mí también?

—Mi padre no se conforma con una sola ave —dijo tristemente Etsa.

Celeste Berlier

—Oye, Etsa —dijo la paloma—. Tú puedes devolver la vida a las aves.

—¿Puedo devolverles la vida? ¿Cómo? —preguntó Etsa confundido

—Recoge todas las plumas que encuentres, regresa a la selva y arrójalas con tu cerbatana. Si tu deseo es devolverles la vida, la naturaleza lo cumplirá.

Gracias a la **sabiduría** de la paloma, el pequeño Etsa recogió las plumas y la naturaleza devolvió la vida a las aves.

Etsa se quedó en la selva junto a las aves y nunca más salió a cazar.

Haz conexiones

¿Cómo disfruta Etsa de la naturaleza? **PREGUNTA ESENCIAL**

Compara las distintas formas en que se disfruta de la naturaleza en las dos selecciones de esta semana. **EL TEXTO Y OTROS TEXTOS**

Pregunta esencial

¿Qué nos gusta de la naturaleza?

Lee estos poemas que expresan lo que nos gusta del sol y de la lluvia.

¡Conéctate!

Viva el sol de la mañana

¡Viva el sol de la mañana!
¡Viva el sol!, le grita el pájaro
en la rama.

Y el campesino canta:
¡Viva el sol!

Y el naranjito agobiado
de naranjas: ¡Viva el sol!

¡Y el tejado de la casa!
¡Viva el sol!

Y el caballo que lo siente,
tibia yerba, en la garganta:
¡Viva el sol!

Toda la tierra es un ¡Viva!
El mundo, todo, es una salva.

¡Viva el sol!

Rafael Alberti

Lluvia

En hilitos de agua
se desmadejan las nubes
y se hartan de tierra.

¡Fresco **verdor** de campos!

Juega la lluvia
chapoteando entre lodo.

La tierra huele.

Y los pájaros
dejan volar sus cantos.

Humberto Ak'abal

Respuesta a la lectura

Resumir

Busca detalles importantes de *Viva el sol de la mañana* para describir el tema del poema. Usa información de la tabla de tema como ayuda para ordenar tus ideas.

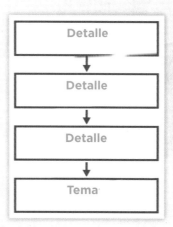

Detalle
Detalle
Detalle
Tema

Evidencia en el texto

1. ¿Cómo sabes que *Lluvia* es un poema de verso libre? Da ejemplos. **GÉNERO**

2. ¿Qué frase se repite en el poema *Viva el sol de la mañana*? **ELEMENTOS LITERARIOS**

3. En *Lluvia* dice que las nubes se desmadejan. ¿Qué quiso decir el poeta? **LENGUAJE FIGURADO**

4. Escribe sobre el sol y sobre la lluvia. **ESCRIBIR SOBRE LA LECTURA**

 Haz conexiones

¿Qué nos gusta del sol y de la lluvia?
PREGUNTA ESENCIAL

Estos poemas describen cómo la naturaleza recibe la lluvia y el sol. ¿Cómo nos hacen sentir el sol y la lluvia? **EL TEXTO Y EL MUNDO**

385

CCSS **Género • Poesía**

Compara los textos

Lee estos poemas sobre la luna y el viento.

¿Sabrá la noche?

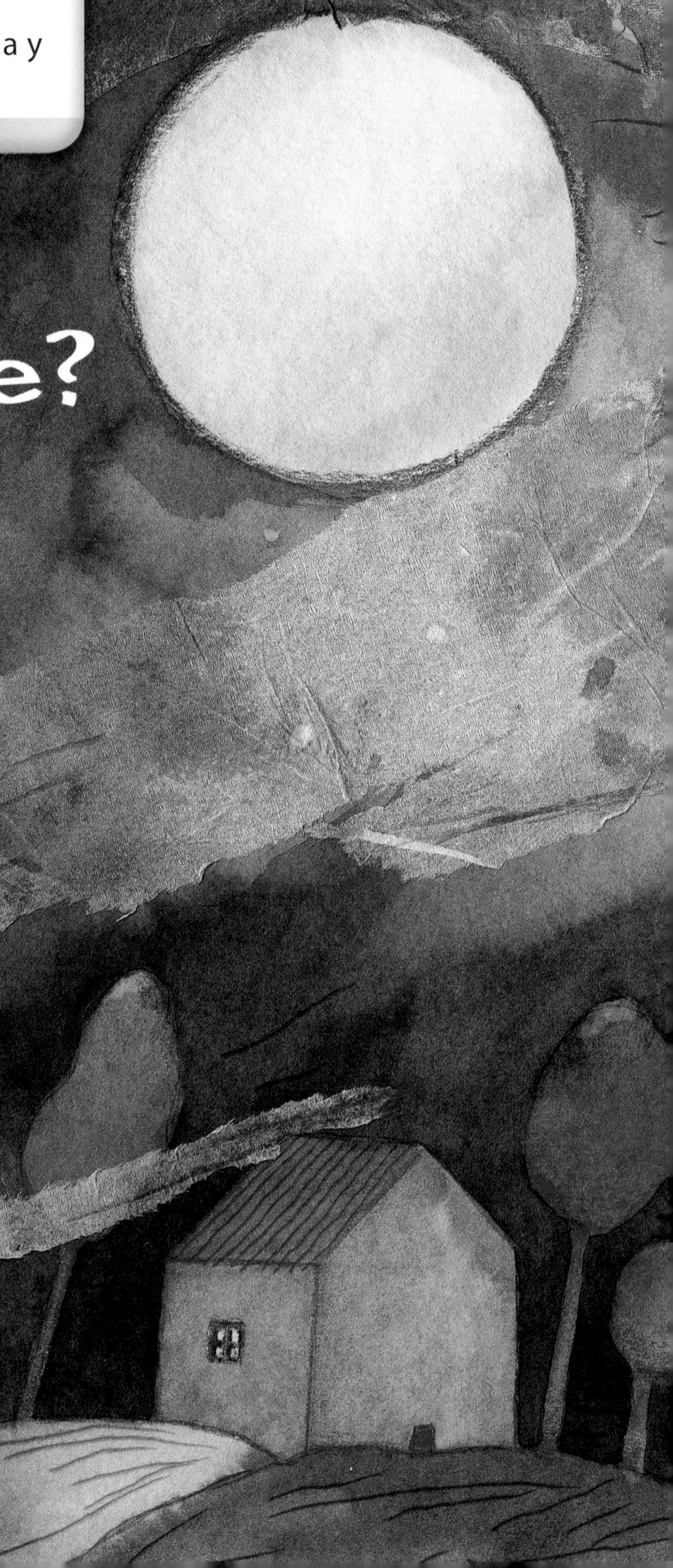

La noche
tiene una habitante
simple y silenciosa.

Una habitante lejana,
atenta y solitaria,
que no necesita colores
para que los niños la dibujen,
que no necesita palabras
para llamar a los poetas.

¡Cuánto misterio nos regala!
¡Cuánta belleza, cuánta paz!
¿Sabrá la noche
que su magia está en la luna?

Sebastián Olaso

Irene Singer

El viento

Cuando recorre los trigales,
el viento es como un carro
con ruedas invisibles.

A su paso,
las espigas se mecen
como olas amarillas.
Luego les susurran a los pájaros
que en el carro magnífico del viento
todo es música y frescura.

¡Amigos!
¡Ojalá que disfruten
de un paseo inolvidable!

Nicolás Arroyos

Haz conexiones

Estos poemas expresan lo que pasa **afuera**. ¿Qué es lo que te **gusta** de estar afuera? PREGUNTA ESENCIAL

En "El viento", el poeta dice que el viento es como un carro con ruedas invisibles. ¿Qué otro símil leíste esta semana? EL TEXTO Y OTROS TEXTOS

Acuarelas

Vivian Mansour

Ilustraciones de Luis Fernández

Pregunta esencial

¿Qué hacen los buenos ciudadanos?

Lee acerca de una niña que decide ayudar a su comunidad.

¡Conéctate!

Soy muy buena dibujando acuarelas: hay que
mojar la hoja y trabajar muy rápido antes de
que se seque el papel. Después, al **combinar** en
el pincel el rojo y luego el azul… ¡oh, sorpresa!
de esos colores tan distintos surge, como un
milagro, el color morado.

AMÉRICA DEL NORTE

MÉXICO

OCÉANO PACÍFICO

AMÉRICA DEL SUR

Yo siempre he sentido que los países tienen color. Senegal, que es de donde viene mi papá, es rojo. Y México, de donde es la familia de mi mamá, es azul.

ASIA

EUROPA

SENEGAL

OCÉANO ATLÁNTICO

ÁFRICA

Y yo me siento como la combinación de esos dos colores. ¡Yo soy morada!

Ahora puedo decir con orgullo que soy la mezcla de esos dos países y de uno más: Estados Unidos. Pero no siempre fue así. Yo no entendía ni siquiera mi propio nombre: "Wädi Lô Muñoz" lleno de extraños signos. En inglés no hay marcas encima de las letras, entonces, ¿qué significaban aquellos ojitos arriba de la "a"? El apellido de papá que yo heredé era "Lô", con un techito rarísimo arriba de la "o". Por último, había una extraña ceja que acompañaba la "n" cuando escribía mi segundo apellido: "Muñoz". Era como una "ene" enojada.

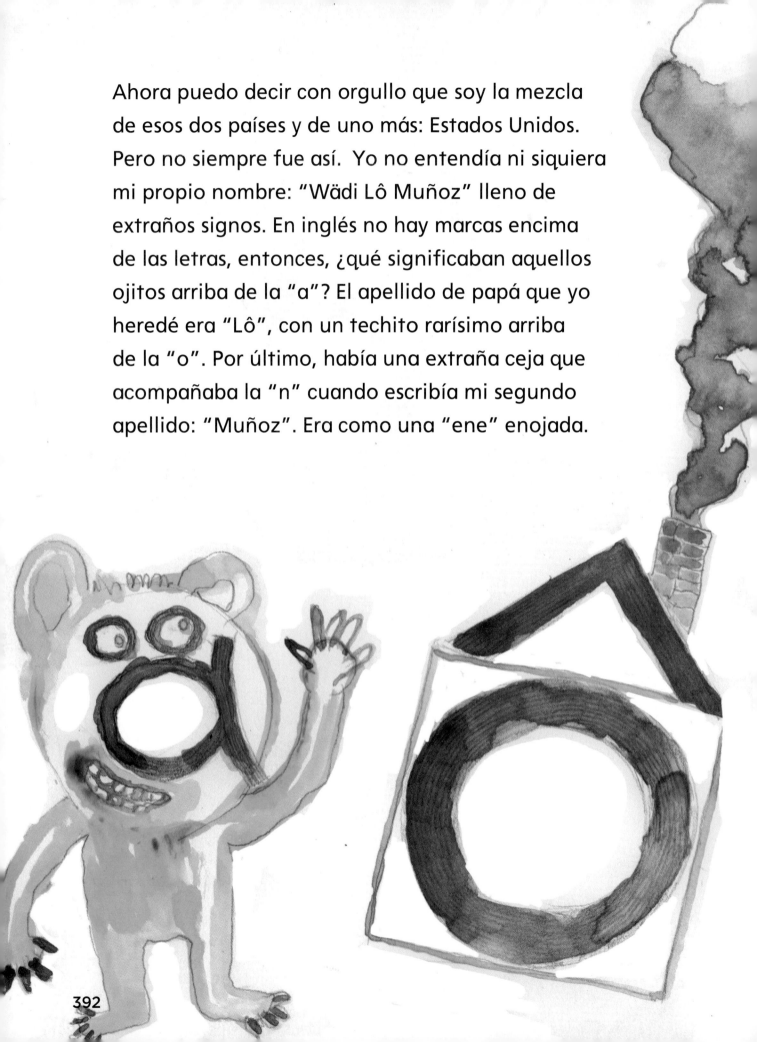

No tuve la oportunidad de aprender wólof,
el idioma de mi papá, pero en la escuela me
enseñaron español. Y entonces la "ñ" se volvió mi
letra favorita. La "n" tenía un sombrerito que me
saludaba cada vez que escribía mi nombre.

Pero lo que quiero contarles tiene que ver con la "ñ" y con la clase de Estudios Sociales. La maestra dijo que todos debíamos ser buenos ciudadanos según nuestras **posibilidades**. Entonces se me ocurrió la idea de conseguir libros en español y donarlos a alguna escuela. Así, otros niños podrían tener su encuentro con la "ñ" y con su propio nombre.

Decidí ir de puerta en puerta de la calle donde
vivo para conseguir libros en español. La
cocinera Virginia me **obsequió** uno de recetas
de cocina dominicana. Don Pepe, el jardinero,
me regaló otro sobre el cultivo de flores.
Pero, la verdad es que yo quería temas
más divertidos.

Al final de la calle, vivía la señora Toña. Como su nombre se escribe con "ñ", mi letra favorita, seguramente tendría libros en español.

Toqué a la puerta y apareció una señora ya muy grande, vestida de negro. Le hablé en inglés explicándole el favor que quería pedirle, cuando, sin decir una palabra más… ¡me cerró la puerta en las narices! ¡Qué grosera! Me aguanté las lágrimas y me fui. Pero soy muy terca, así que a la mañana siguiente esperé a que saliera a tirar la basura y ¡tiré al bote los dos libros que me habían dado! Lo hice para que ella se diera cuenta.

—¿Por qué los tiras? —me preguntó, furiosa,
en español.

—Como usted no quiere ayudar a los demás
a que lean en español, prefiero tirar los libros
—le contesté, también en español.

—No te había entendido la primera vez que
fuiste a buscarme. ¿Qué necesitas? —me dijo,
avergonzada.

Le expliqué mi propósito. La mujer admitió que había sido tan grosera porque no entendía el inglés y le daba pena confesarlo. Arrepentida, me pidió que la esperara un momento. Entró a su casa y salió, al poco tiempo después, con una maleta llena de libros.

AHORA COMPRUEBA

Resumir ¿Qué hizo Wädi para conseguir libros? Haz un resumen de lo que hizo.

—Toma los que quieras. Todos están escritos en español.

¡Era fantástico! Adentro de la maleta había novelas de aventuras, libros de rimas, de espadachines, cuentos de terror… de todo.

—Me los llevo pero usted debe prometerme
algo —me atreví a decirle.

—¿Qué?

—Que me va a dejar enseñarle inglés, todas las
tardes, aquí en el parque.

La mujer se rió, **asombrada** por mi audacia.

—Bueno, ¿por qué no?

403

La **donación** de los libros fue un éxito y ella me acompañó a la escuela a entregarlos. Los maestros y los niños nos aplaudieron mucho. Fue fantástico llevar a cabo la donación y ver los libros acomodaditos en unos **anaqueles** adentro del salón. A veces las cosas más simples son las más importantes. Las dos nos sentimos muy contentas y, de algún modo, mejores ciudadanas.

AHORA COMPRUEBA

Resumir ¿Qué hizo Wädi con los libros que le dio la señora Toña? Resúmelo con tus propias palabras.

Fui varias tardes al parque a enseñarle inglés a mi nueva amiga. Yo no era maestra y tampoco es fácil enseñar un idioma. Cuando supo algunas cosas básicas, le mostré mis acuarelas. Le expliqué:

—Yo soy la combinación de dos colores y de dos idiomas. Yo soy morada. Ahora usted también tiene otro idioma. ¿De qué color quiere que la pinte?

Mezcla de palabras y colores

Vivian Mansour

dice que hay muchas cosas de las cuales se arrepiente: ha viajado muy poco, no ha escalado montañas, no conoce de cerca a un correcaminos y solo sabe hablar español. De lo que no se arrepentirá nunca es de leer, porque con los libros es capaz de hacer todo lo que no ha hecho.

Luis Fernández

dice que amaba dibujar en las paredes de su casa con carbón y ladrillo, lo que le valió más de un reto de sus padres. Hoy se dedica a la pintura, a la ilustración y a dar clases.

Propósito de la autora

Vivian quiso contar el orgullo que una niña siente por el origen de su nombre. ¿Por qué crees que eso es importante?

Respuesta a la lectura

Resumir

Piensa en los detalles sobre los personajes, las pistas y el punto de vista para hacer un resumen de lo que ocurre en el cuento. Usa la tabla de personaje, pista y punto de vista como ayuda para ordenar tus ideas.

Personaje	Pista	Punto de vista

Evidencia en el texto

1. ¿Cómo sabes que *Acuarelas* es una ficción realista? **GÉNERO**

2. Vuelve a leer la página 399. ¿Por qué Wädi tiró los libros? **PUNTO DE VISTA**

3. Aplica lo que sabes acerca de sufijos para explicar el significado de *espadachines* en la página 402. **SUFIJOS**

4. Escribe acerca de por qué Wädi quiere donar libros a una escuela. Busca detalles que expliquen su punto de vista. **ESCRIBIR SOBRE LA LECTURA**

Haz conexiones

¿Por qué Wädi es una buena ciudadana? **PREGUNTA ESENCIAL**

¿Crees que es útil saber más de un idioma? **EL TEXTO Y EL MUNDO**

Compara los textos
Lee sobre un joven ciudadano
que ayuda a los demás.

Cómo ayudar a Sonrisas

Matthew Stephenson vive en Texas. Tiene una discapacidad que debilita sus músculos. Las personas con esta discapacidad pueden tener problemas para caminar, sentarse y escribir. Algunos usan una silla de ruedas.

Campamento Sonrisas

En verano, Matthew va al campamento Sonrisas de la organización Easter Seals para niños con necesidades especiales. Estos niños no pueden ir a un campamento que no logre satisfacer sus necesidades. En Sonrisas se trabaja de otra manera. Cada niño tiene una persona que lo ayuda para andar a caballo, jugar al baloncesto o nadar. Quizá este sea el único lugar donde pueden hacer ese tipo de actividades.

Matthew Stephenson en el Campamento Sonrisas

Una excursionista y su ayudante en el campamento

El desafío de Matthew

Matthew la pasaba muy bien en el campamento Sonrisas. Quería que otros niños como él pudieran ir al campamento. Pero no todos podían pagarlo. Matthew quería que eso cambiara. Decidió desafiar a la gente a que donara dinero para pagar la inscripción de 30 niños en el campamento Sonrisas. Matthew mostró un gran sentido de **responsabilidad**. Se involucró con la comunidad. Está ayudando a que los niños con discapacidades sonrían.

Un buen ciudadano es alguien que...

• respeta los derechos de otros.
• es responsable.
• se involucra en la comunidad.
• tiene en cuenta los sentimientos de los demás.

¿Qué haces tú para ser un buen ciudadano?

¿? Haz conexiones

¿Por qué Matthew es un buen ciudadano? **PREGUNTA ESENCIAL**

Comenta las distintas formas en que se puede ser un buen ciudadano **EL TEXTO Y OTROS TEXTOS**

Carlos

Ivar Da Coll

¿? **Pregunta esencial**

¿Cómo hace la gente para llevarse bien?

Lee acerca de un niño que aprende a llevarse bien con su nuevo hermanito.

¡Conéctate!

La familia

Este es papá,

esta es mamá,

la abuela y...

... Carlos. Es decir...,

© Del texto, 2001: Ivar Da Coll © De las ilustraciones, 2001: Ivar Da Coll www.ivardacoll.com ©De esta edición: 2006,
Distribuidora y Editora Aguilar, Altea, Taurus, Alfaguara, S.A.
Carrera 11 A # 98 – 50, Oficina 501, Tel. (+57 1) 705 7777
Fax: (+57 1) 705 7777 Ext. 1222, Bogotá, Colombia www.librosalfaguarajuvenil.com/co www.librosalfaguarainfantil.com/co

... una familia muy, pero muy bonita.

¡Ah!..., por poco me olvido
de Cristóbal.
Cristóbal siempre está con
Carlos y cuando **se siente**
feliz hace prr, prr.

La señorita Flori

La seño Flori está en la escuela.
Ella hace cosas muy divertidas
con Carlos y sus compañeros.

plastilina

jugar con los cubos

contar y cantar

Hace poco Carlos y Lily
y José y Mariana y Chela
aprendieron los colores con
la maestra Flori:
—Amarillo es el sol
—dijo Lily.
—Verdes los dinosaurios
y las lagartijas —dijo José.

—El cielo es azul y el mar
también —dijo Mariana.
—Morados son los
monstruos —dijo Carlos.
—Rojos los tomates y Carlos
cuando le doy un beso
—dijo Chela.

A Carlos le gustó mucho eso de
los colores y, para no olvidarlos,
al llegar a casa los pintó por
todas partes.

Cuando papá vio esto dijo: —¡Oh!
¡Qué bonito! Hijo, eres un artista.

En cambio a mamá no le gustó
para nada. Así que Carlos y
papá estuvieron un buen rato
limpiando con agua y jabón para
que mamá dejara de sentirse
molesta.

Más tarde, al entrar en la cocina,
mamá le dijo a Carlos:
—Hijo, eres un artista —cuando
vio un dibujo lleno de color que
él había hecho y que papá le
había ayudado a pegar sobre la
puerta del refrigerador.
Entonces Carlos se sintió feliz.

Mamá

Un día Carlos notó que mamá
tenía una barriga enorme
y le preguntó:

—¿Comiste mucho pastel?
—No —le respondió ella.

Como la panza de mamá
estaba inflada Carlos se acordó
cuando...

... se machucó un dedo que se
inflamó y le dolió.

Cuando se golpeó la cabeza y le
salió un chichón...
... también se inflamó y le dolió.

Entonces volvió a preguntar:
—Pero... tu barriga está muy
inflamada. ¿No te duele?
—No —dijo mamá—. Es un bebé
y los bebés no duelen.
¡Son maravillosos!

Y mamá le contó cosas que pasaron cuando
Carlos era un bebé:

Papá estaba feliz.

Mamá estaba feliz.

Y la abuela también
estaba feliz.

Y todos decían de él:
"Eres la cosa más linda del mundo".

Entonces Carlos se alegró
porque vendría un bebé a
casa y quería que llegara ya.

419

La abuela

Cuando papá y mamá fueron al hospital a tener el bebé, la abuela vino a jugar con Carlos.

Ella hizo todo lo que Carlos le pidió y eso fue
muy divertido. Primero jugaron a la escuela y
¿quién fue el profesor? Carlos, por supuesto.
Moldearon plastilina, ordenaron los cubos,
contaron, cantaron y la abuela aprendió los
colores. Entonces dijo:

—¡Oh, profe! Esto es muy interesante.

Más tarde Carlos dijo:

—Es hora de comer.

Y preparó una deliciosa sopa de tierra, flores
y pasto.

—¡Exquisita! —dijo la abuela—. Usted es un
gran cocinero.

Luego fueron a la sala a jugar a la playa.

La abuela preparó limonada y los dos dijeron
a la vez:

—¡Qué bien se está aquí!

Más tarde dejaron de jugar pues ya regresaban
papá y mamá con el bebé.

AHORA COMPRUEBA

Resumir Haz un resumen de lo que
hicieron Carlos y su abuela mientras
esperaban al nuevo hermanito.

El bebé

Las cosas cambiaron porque:

Carlos quería dibujar pero papá estaba bañando al bebé.

Carlos quería escuchar un cuento pero mamá
estaba alimentando al bebé.

Carlos quería jugar pero la abuela estaba
arrullando al bebé.

Una noche, a la hora de cenar, todos estaban
sentados a la mesa, todos menos Carlos.

Entonces lo llamaron pero no respondió.
Volvieron a llamarlo y nada. Así, pues,
decidieron buscarlo.

Fueron al jardín
y no estaba.

Buscaron en la
sala y tampoco lo
encontraron.

Debajo de la escalera
no había nadie.

Ni en la habitación de
papá y mamá o en la
que estaba durmiendo
la abuela.
¡Carlos no aparecía!

De pronto sintieron ruiditos
en la habitación donde el
bebé dormía y al asomarse
vieron a Carlos parado junto
a la cuna diciendo:

—¡Vete, bebé! ¡Vete!

Papá, mamá y la abuela, que
alcanzaron a escucharlo, le
explicaron que el bebé iba a estar
con ellos por mucho tiempo,
mucho tiempo, es decir, por
siempre.

—¿Y jugará conmigo?
—preguntó Carlos.
—Él va a ser tu mejor, mejor
amigo —dijo papá.
Estaba muy feliz, **dichoso**, por
tener al bebé en casa.
Después de cenar sintió
mucho sueño.

Entonces papá lo llevó en brazos a su cama.
Mamá le leyó un cuento. Y la abuela le cantó una
canción mientras se iba quedando dormido.

AHORA COMPRUEBA

Resumir ¿Qué hizo la familia de
Carlos para que él se sintiera mejor?

Carlos soñó que hacía cosas en **compañía**
del bebé.

Cuando despertó estaba feliz por tener una
familia muy pero muy bonita y ahora más grande.

Nuevos amigos

Ivar Da Coll nació en Bogotá, Colombia. Es uno de los autores e ilustradores más conocidos de su país. Representó a Colombia en muchos concursos. Sus libros ganaron muchos premios.

A los 12 años ya formaba parte de un grupo de teatro de títeres en su escuela. Él diseñaba los muñecos, sus vestidos y la escenografía, ¡y también actuaba! Cuando Ivar creció, comenzó a ilustrar textos de otros escritores y, más tarde, escribió e ilustró sus propios libros. Los simpáticos personajes de sus cuentos casi siempre son animales que tienen problemas y alegrías muy parecidos a los que tenemos las personas.

Propósito del autor

La familia de un niño se agranda con la llegada de un bebé. ¿Qué mensaje quiere transmitir Ivar en este cuento?

Respuesta a la lectura

Resumir

Piensa en los detalles importantes que te da el autor para descubrir cuál es el punto de vista del personaje y haz un resumen del cuento. Usa la tabla de punto de vista como ayuda para ordenar tus ideas.

Personaje	Pista	Punto de vista

Evidencia en el texto

1. ¿Cómo sabes que el cuento *Carlos* es una fantasía? **GÉNERO**

2. Cuando nació el bebé, ¿la vida de la familia siguió igual? **PUNTO DE VISTA**

3. Usa las claves de contexto para descubrir el significado de "Eres la cosa más linda del mundo", en la página 419. **MODISMOS**

4. ¿Por qué Carlos cree que no lo quieren como antes? ¿Cómo te sentirías tú? **ESCRIBIR SOBRE LA LECTURA**

¿? Haz conexiones

¿Qué hizo la familia para que Carlos aceptara a su hermanito? **PREGUNTA ESENCIAL**

¿Qué cuidados especiales necesita un bebé? **EL TEXTO Y EL MUNDO**

Compara los textos

Lee sobre unos estudiantes que trabajan juntos para terminar con el acoso escolar.

Zona libre de acoso

A nadie le gusta ser acosado. El *bullying* se da cuando una persona molesta o lastima a otra. Los matones se burlan de otros niños, los insultan o no les permiten hacer ciertas actividades. Otras formas de acoso escolar son los empujones o los golpes.

Estos niños trabajaron juntos para detener el acoso en el patio de recreo.

Los estudiantes de las escuelas primarias de Seattle, Washington, aprendieron métodos para detener el acoso escolar. Todos trabajaron juntos en la comunidad de la escuela: estudiantes, maestros, padres y el personal de la escuela.

En clase, los niños no solo aprendieron a ser buenos amigos y **cooperar** con los demás sino a saber cómo **interactuar** si ven acoso. Por ejemplo, si se están burlando de alguien o lo están dejando de lado.

Practicaron cómo hablar sin miedo ante los acosadores. Aprendieron a ser amigos de los chicos acosados y a ayudar a la persona a irse del lugar. Todas las semanas se reunieron para hablar sobre el acoso escolar.

Con el tiempo, hubo menos acoso en las escuelas de Seattle. Los estudiantes no insultaban en el patio de recreo. No molestaban tanto a otros. La escuela era un lugar más divertido y seguro para todos. ¡El programa fue un éxito!

Estos estudiantes de Texas aprenden sobre el acoso en un programa que se desarrolla después de la escuela.

 Haz conexiones

¿Cómo aprendieron los niños a interactuar mejor? PREGUNTA ESENCIAL

¿Qué leíste esta semana sobre lo que hace la gente para llevarse bien? EL TEXTO Y OTROS TEXTOS

2011 Corpus Christi Caller-Times. Photographer George Gongora

Pregunta esencial
¿Quiénes nos inspiran?

Lee acerca de una niña que alcanzó sus sueños.

¡Conéctate!

440

Me llamo Celia

Mónica Brown
Ilustraciones de Rafael López

¡AZÚCAR! Mi voz es **intensa**, suave y dulce. Te dará ganas de bailar. Cierra los ojos y escucha.

Mi voz se siente como unos pies que resbalan en la arena mojada, como correr bajo una cascada, como bajar por una loma. Mi voz trepa y se mece y sube y baja al ritmo de las tumbadoras y el sonido de las trompetas.

¡Bum bum bum! resuenan las tumbadoras. Las manos aplauden y las caderas se menean.

Yo soy la Reina de la Salsa y te invito a bailar conmigo.

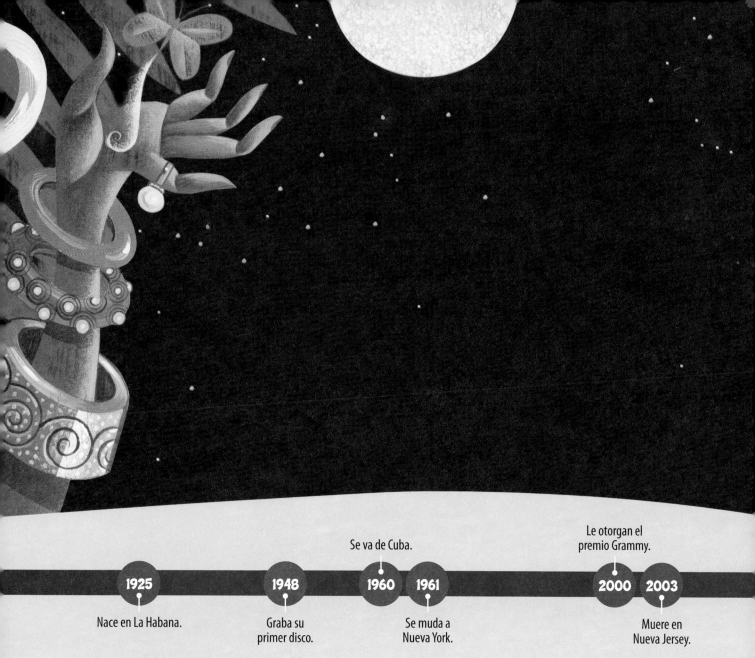

1925 — Nace en La Habana.

1948 — Graba su primer disco.

Se va de Cuba. **1960**

1961 — Se muda a Nueva York.

Le otorgan el premio Grammy. **2000**

2003 — Muere en Nueva Jersey.

Abre los ojos.

Mis vestidos son tan coloridos como mi música, llenos de encajes, cuentas, lentejuelas y plumas. Centellean y se sacuden mientras muevo con gracia los brazos y las piernas al ritmo del trópico y de mi corazón.

En mi mente llevo el lugar de donde soy y los lugares donde he estado. Cuando canto, los **recuerdos** de mi infancia se mezclan con mis canciones.

Nací en Cuba, una isla del Caribe. Mi Cuba era
La Habana.

En mi casa teníamos una cocina acogedora,
llena de las voces de mujeres y hombres: abuelos,
hermanos, primos y amigos. Comíamos arroz,
frijoles y plátanos y nos llenábamos la barriga con
amor y café con leche bien caliente y mucha, pero
mucha azúcar.

Por la noche, ayudaba a mi madre a acostar a mis
hermanos chiquitos cantándoles canciones de cuna
bien bajito.

Mi padre trabajaba muy duro en los trenes, pero se sentía feliz cuando volvía a la casa cada día para estar con nosotros. Se sentaba en el traspatio y cantábamos todos juntos. Nos dio el regalo de su música y llenó de esperanza nuestros corazones. A veces, cuando yo cantaba con mi padre, los vecinos oían mi voz y se acercaban a escuchar mis melodías. Éramos pobres, pero la música no costaba nada y nos alegraba.

Mi papá quería que yo fuera maestra, que tuviera un buen trabajo. En la escuela aprendí mucho y maduré. **Estudié** historia y arte, matemáticas y ciencias, y hasta música.

Me fue bien en la escuela, ¡y me encantaba cantar! Cuando cantaba, mi cuerpo se llenaba de los ritmos africanos mezclados con el idioma español de mi patria.

Un día, una de mis maestras preferidas me agarró la mano y me dijo: "Sal al mundo a cantar, mi niña… ¡Te harás famosa! ¡Tu voz es un regalo del cielo y sonará muy dulce en los oídos de la gente!".

Mi prima Nenita y yo hacíamos viajes largos en ómnibus para que yo cantara en concursos. Aunque algunos no me dejaban cantar en sus concursos por el color de mi piel, no me di por **vencida**. Me prometí que seguiría cantando y estudiando pasara lo que pasara.

447

448

AHORA COMPRUEBA

Resumir Haz un resumen de la infancia de Celia hasta este momento del cuento.

Todavía era joven cuando triunfó la
Revolución. Como hizo mucha gente,
me fui para siempre de mi Cuba.
Primero fui a México. Después viajé a
los Estados Unidos con mi esposo, el
trompetista Pedro Knight, y nuestro
grupo, la Sonora Matancera.

449

¡Nueva York!

Mi nuevo hogar, con todas sus luces y su gente, con una mezcla de tantas culturas y tradiciones. Desde mi ventana veía las luces y escuchaba la música, y yo era la luz y la música. Aunque me fui de mi isla y me hice ciudadana de los Estados Unidos, yo llevaba a mi pueblo en el corazón. Mis canciones eran un regalo para todos los cubanos que dejaron su isla y para todos los niños de las Américas.

¡Bum bum bum! Regresaban los sonidos de las tumbadoras y las trompetas.

¡Miami! Mi segundo hogar.

Un día, en un restaurante, un camarero joven me preguntó si quería azúcar con el café. **¿AZÚCAR?**, exclamé. ¿Cómo se le ocurre preguntar eso? Yo soy cubana. Claro que sí, ¡con **AZÚCAR!** Y cuando tomé un poquito del café dulce recordé la cocina de mi madre con mi familia y mis amigos.

Desde ese momento, cuando entraba al escenario simplemente decía: **¡AZÚCAR!** Y ellos sabían exactamente lo que yo quería decir: hogar, amor y muchos besos.

El público aplaudía y me daba la bienvenida.

452

Yo canté con mis amigos Tito, Johnny y Willie, y a la gente le encantaba nuestra música. Juntos trajimos una nueva música a América, la salsa, una música que mezclaba el rock con la rumba, el mambo con el jazz.

A la gente le encantaba bailar y girar con nuestra música. ¡Meneaban las caderas mientras se reían y bailaban!

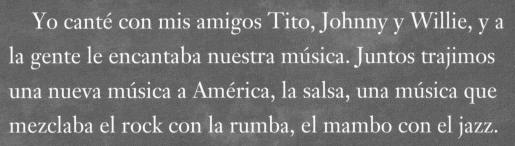

AHORA COMPRUEBA

Resumir Piensa en qué pasó desde que Celia se va de Cuba. ¿A dónde va? ¿Qué hace? Resúmelo con tus propias palabras.

Me rindieron **honores** maestros y presidentes, y
todo porque mis canciones eran como las olas del mar
golpeándome el cielo de la boca, como las calles de
La Habana, como la cocina de mi madre, como una
barriguita llena de frijoles, plátanos y arroz, como
una taza de café caliente con azúcar. Me nombraron
la Reina de la Salsa, y llevé esa corona con orgullo.

Crucé fronteras y rompí **barreras** porque fui fuerte y nunca más nadie consiguió que dejara de cantar. Mis discos llegaron a ser "discos de oro" y "discos de plata", y se les puso mi nombre a calles y estrellas.

¡**Bum bum bum!** resuenan las tumbadoras. Las manos aplauden y las caderas se menean. Cuando cantamos juntos, nuestras palabras son como sonrisas volando por el cielo. Amigos, vengan ahora a bailar conmigo al ritmo de los tambores y al sonido de las trompetas y los trópicos.

Aunque yo ya no esté, mi música seguirá viviendo.

455

Palabras que cantan y bailan

Mónica Brown descubrió que la música de Celia Cruz emociona a la gente porque Celia cantaba y se movía con mucha alegría. La emocionante historia de la cantante cubana inspiró a Mónica a escribir *Me llamo Celia*, su primer libro para niños.

Rafael López creció en la Ciudad de México y estudió ilustración en California. Su trabajo se distingue por sus colores vivos. A Rafael le gusta crear arte para lugares públicos. Hay murales suyos en varias ciudades de Estados Unidos.

Propósito de la autora

Mónica Brown quiso contar a sus lectores la vida de Celia Cruz. ¿Por qué crees que decidió escribir esta biografía?

(t) Patricia Zline; (b) Patricia Zline

Respuesta a la lectura

Resumir

Piensa en el orden de los sucesos y haz un resumen del cuento. Usa la tabla de secuencia como ayuda para ordenar tus ideas.

Primero
↓
Después
↓
Luego
↓
Al final

Evidencia en el texto

1. ¿Cómo sabes que *Me llamo Celia* es una biografía? GÉNERO

2. ¿Dónde nació y creció Celia? ¿Qué pasó después de la Revolución cubana? Por último, ¿dónde se quedó a vivir y se hizo famosa? SECUENCIA

3. ¿Qué palabra significa lo mismo que *preferidas*, en la página 446? SINÓNIMOS

4. Explica por qué Celia decía "¡AZÚCAR!" cuando entraba al escenario ESCRIBIR SOBRE LA LECTURA

 Haz conexiones

¿Qué es lo que más te inspira de la vida de Celia? PREGUNTA ESENCIAL

¿Por qué el mundo necesita personas que transmitan alegría? EL TEXTO Y EL MUNDO

Katari
el héroe aymara

En el altiplano andino, hace mucho tiempo vivía un niño aymara llamado Katari. Katari vivía en una casita hecha de barro con sus padres y hermanos. La familia se dedicaba al pastoreo de llamas y al cultivo de la papa.

Cada mañana, Katari llevaba el pequeño rebaño de llamas a pastar a lo alto de las montañas. Siempre pasaba junto al glaciar que estaba justo al lado.

Una mañana, Katari descubrió que una gran grieta se había formado en el glaciar. Un inmenso bloque de hielo estaba por desplomarse hacia el valle. El hielo amenazaba con llevarse a todos en el valle y él no los vería más.

Katari comenzó a apilar todas las rocas que encontró al pie del glaciar para tratar de detener el hielo. Decidió entonces avisar a los adultos para que juntos todos pudiesen construir un muro mejor para contenerlo.

Paola De Gaudio

458

Katari corrió montaña abajo y al llegar a su casa, les contó a sus padres. Entonces decidió avisar al resto de los habitantes del valle. Corrió de casa en casa hasta que todos supieran del peligro. Los adultos se reunieron en su casa. Todos **acordaron** construir un muro frente al glaciar.

Al llegar al glaciar, vieron que Katari ya había comenzado a construir un muro. Todos admiraron la ingeniosidad y la valentía del niño. Entre todos terminaron de construir el muro, y el valle y todos sus habitantes se salvaron.

Katari siguió pastoreando sus llamas y cultivando la tierra junto a sus padres. Desde ese día por todo el valle se cuenta la historia del niño **héroe** que los salvó a todos.

Haz conexiones

¿Qué es lo que te inspira de la hazaña de Katari?
PREGUNTA ESENCIAL

Compara cómo te inspiran los protagonistas de las tres lecturas de esta semana.
EL TEXTO Y OTROS TEXTOS

El regalo del leñador

Lupe Ruiz-Flores

Ilustrado por Elaine Jerome

Pregunta esencial

¿Cómo podemos proteger la Tierra?

Lee acerca de un leñador que hace buen uso de un árbol.

 ¡Conéctate!

En una noche lluviosa, llegó una fuerte tormenta
y tumbó el gran árbol de mezquite que estaba
en la plaza principal. Después de que pasó la
tormenta, todos los vecinos, que muy pocas veces
se hablaban, salieron de sus casas y se reunieron
alrededor del **enorme** árbol que obstruía la calle
principal.

—Ese árbol está muerto. Vamos a **deshacernos** de él, —dijo el tendero al picarlo con un palo. Volteó para ver a los demás para saber qué opinaban.

La gente murmuró afirmativamente.

—Sí, —dijo el pintor de casas—. Traeré el serrucho y cortaré el árbol en trozos pequeños.

—No. Esperen, —dijo el jardinero—. Preguntémosle a Tomás, el leñador, qué debemos hacer.

—Tomás, —dijo el jardinero—, ¿qué debemos
hacer con este árbol?

—Este áspero y feo mezquite sólo es bueno
para una cosa: leña, —dijo el pintor gruñón.

—No, no —dijo el leñador acercándose al
árbol—, no destruyan este buen árbol.

—¿Qué piensas hacer con él? —preguntó
la gente.

El leñador se detuvo, concentrándose.

—Este árbol *puede* pertenecernos a todos.

—¿Cómo puede un árbol ser de todos? No
es posible.

El leñador sonrió y contestó: —Es una
sorpresa. Ya verán.

AHORA COMPRUEBA

Hacer predicciones ¿Cuál será la
sorpresa del leñador? Predice lo
que hará.

Al día siguiente los vecinos observaron desde lejos cómo el leñador cortaba en dos los grandes trozos de madera. Los hombres después lo ayudaron a cargar los pedazos más grandes hasta su casa.

Día tras día, los vecinos miraban volar pedacitos de leña en el viento, como destellos de fuego, mientras el leñador cortaba y labraba y tallaba la madera.

—Mi papá dice que ese mezquite feo sólo es bueno para las barbacoas —un niño pequeño dijo mientras observaba por detrás de la cerca.

—Ah, se equivoca —contestó el leñador—. La belleza de este árbol no está por fuera sino por dentro.

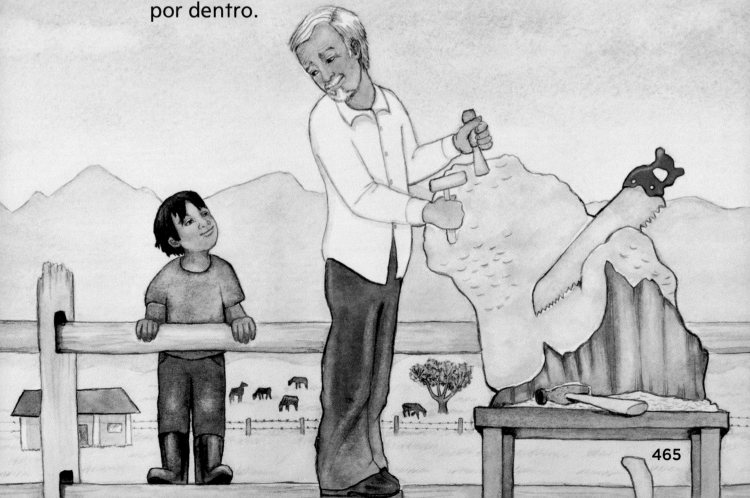

465

Todos los días, los vecinos **curiosos** salían a ver al leñador trabajar. Hablaban y se reían y se preguntaban qué estaría haciendo.

—¿Qué está haciendo? —preguntaban.

—Tengan paciencia —decía entre dientes y continuaba trabajando.

Un día, el leñador movió los bloques de madera a su taller. Los niños miraban por los agujeros de la pared. Pero no podían ver nada. El leñador trabajaba todos los días hasta que oscurecía. Y cada noche, cerraba el taller con candado.

Finalmente, el leñador hizo sonar la gran
campana oxidada de su galería. No lo había
hecho antes.

¡TALÁN! ¡TALÁN! ¡TALÁN!

Todos salieron corriendo y se reunieron
frente a la casa del leñador.

—¿Qué sucede? ¿Por qué suena la campana?
—se preguntaron.

—Síganme —dijo el leñador. Los llevó a su
taller—. Ahora cierren los ojos y no los abran
hasta que yo les diga.

Abrió la puerta. Chirríí.

—Abran los ojos —dijo el leñador con alegría. La gente del pueblo abrió los ojos. ¡Quedaron **boquiabiertos**!

—¿Ven? Hice un zoológico para que los niños lo disfrutaran —dijo el leñador con orgullo.

Adentro del taller había animales de **tamaño** real frente a ellos.

—¡Qué sorpresa! ¡Bravo! ¡Hurra! —los niños gritaron, saltando con júbilo.

—Ésa es una jirafa —exclamó una niña pequeña al acariciar el largo cuello de la jirafa.

—Y allá está una cebra —dijo otra niña.

—Miren, un león y un tigre, —dijo un niño al pasar su mano por la melena del león.

—¡Una tortuga! —dijo una niña pequeña mientras que contaba los cuadros en el caparazón de la tortuga.

Hasta el pintor no podía creerlo. Tomás había hecho un zoológico espectacular con el viejo y seco árbol de mezquite.

AHORA COMPRUEBA

Resumir ¿Cómo hizo el leñador para crear el zoológico? Resume cómo convirtió el árbol en una sorpresa.

Todos ayudaron a llevar los animales uno por uno a la plaza.

—Estos animales necesitan una capa de pintura —seguía diciendo el leñador—. Aún no están terminados.

—¿Podemos pintarlos nosotros? —los niños pidieron a gritos alrededor del leñador.

—Claro que sí —contestó rascándose la cabeza—, cuando consiga pintura.

—Espere. Nosotros traeremos la pintura —dijeron los vecinos y corrieron a sus casas. Regresaron con una extraña variedad de restos de pintura y brochas.

Todos se reunieron en la plaza para pintar los animales. Cuando terminaron, se rieron al ver a la jirafa color naranja con manchas café, labios rojo cereza, largas pestañas negras y pezuñas azules. Se rieron de la tortuga con los cuadrados rosados y verdes de su caparazón. Señalaron las rayas amarillas y moradas de la cebra.

—Yo no lo podría haber hecho mejor —dijo el leñador, sonriendo.

Para celebrar, la gente del pueblo hizo una fiesta en la plaza. Los adultos observaron a los niños jugar en el zoológico. Decoraron puestos con colores brillantes y con flores de papel rojas, azules, verdes, amarillas y moradas. Disfrutaron de raspas con arcoíris de colores.

Unos días después, unos señores vestidos con traje y corbata vinieron a hablar con el leñador. Los vecinos se reunieron frente a la casa. Después de un rato, el leñador salió y habló con ellos.

—Estos señores de la ciudad quieren comprar nuestro zoológico para el museo. Dicen que es una obra de arte —dijo, sonriendo tímidamente. Jamás se había considerado un artista.

EL LEÑADOR

Todos se quedaron en silencio. Un niño pequeño preguntó tristemente —¿Eso quiere decir que vamos a perder nuestro zoológico?

Los niños estaban a punto de romper a llorar. ¿Les quitarían su zoológico?

El leñador miró a la gente. —Fíjense cómo nos ha unido nuestro zoológico —les dijo a los hombres de traje—. El zoológico debe permanecer aquí. No está a la venta. Pero donaré una pieza al museo para que otros también la disfruten.

La gente empezó a aplaudir. Los niños brincaron de alegría. Todos formaron un círculo alrededor del leñador. Festejaron. Bailaron.

Cuando oscureció, todos estaban agotados. Esa noche, los niños durmieron tan profundamente que no vieron al señor Jirafa estirar su largo cuello y cortar una hoja de un árbol. No vieron la melena del señor León volar **suavemente** en la brisa mientras él bostezaba. Se perdieron el remolino de rayas moradas y amarillas, mientras el señor Cebra hacía cabriolas alrededor de la plaza. Tampoco vieron al señor Tigre mover su cola hacia atrás y adelante para espantar una mosca. No, nadie vio la magia especial que llenó el aire esa noche. Todos estaban felices con saber que el regalo del leñador estaría allí la mañana siguiente.

Conozcamos a Lupe y a Elaine

Lupe Ruiz-Flores vive en Texas, donde crecen árboles de mezquite. Se inspiró para escribir *El regalo del leñador* en dos artículos de un periódico. Uno trataba sobre un auténtico leñador y el otro, sobre un artesano mexicano. Lupe aprendió a narrar cuentos de sus padres. Cuenta sus historias en español y en inglés.

Elaine Jerome comenzó a ilustrar libritos apenas pudo sostener una crayola. Estudió en una escuela de arte cómo dibujar animales y plantas. Allí surgieron los colores brillantes que usó en *El regalo del leñador*.

Propósito de la autora

En la primera parte del cuento, Lupe te tiene intrigado, tratando de adivinar lo que está haciendo el leñador. ¿Por qué crees que la autora hace esto?

Respuesta a la lectura

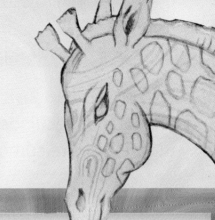

Resumir

Piensa en los detalles importantes y haz un resumen del cuento. Usa la tabla de problema y solución como ayuda para ordenar tus ideas.

Evidencias en el texto

1. ¿Cómo sabes que el cuento *El regalo del leñador* es una ficción? **GÉNERO**

2. ¿Cómo se resuelve el problema de lo que deben hacer con el viejo árbol? Menciona los pasos para hallar la solución. **PROBLEMA Y SOLUCIÓN**

3. En la página 467 vemos la palabra *hecho*. ¿Cuál es su homófono? ¿Qué significan estas palabras? **HOMÓFONOS**

4. ¿Qué otro problema también resuelve Tomás al final del cuento? Explica cómo lo soluciona. **ESCRIBIR SOBRE LA LECTURA**

Haz conexiones

¿Cómo ayudó el leñador a proteger la Tierra? **PREGUNTA ESENCIAL**

¿Qué aprendiste sobre los regalos después de leer el cuento? **EL TEXTO Y EL MUNDO**

Compara los textos
Lee sobre los recursos minerales y rocosos,
y también sobre cómo protegerlos.

Nuestros recursos

¿Qué hay sobre, debajo y alrededor de la
Tierra? ¡Los recursos! Cuando sales, sientes una
brisa suave o un viento fuerte sobre la cara. Mira
hacia abajo. Estás caminando sobre la tierra
y las rocas. Escucha el murmullo de un arroyo
pacífico o el estruendo de las olas del océano.
Los recursos son materiales de la Tierra que las
personas utilizan en la vida diaria. El aire, el
viento, el agua, las rocas y la tierra son recursos
naturales que utilizamos todos los días.

Rocas y minerales

Las rocas y los minerales están en todas partes: en la tierra, la arena, el agua o el hielo. Las rocas son grandes o pequeñas, ásperas o suaves. ¿Has visto una roca reluciente? Algunas brillan por los minerales que contienen. Al igual que las rocas, los minerales no tienen vida. Existen en diferentes formas, tamaños y colores. Cuando ambos se descomponen, forman el suelo. A continuación, encontrarás características de las rocas y los minerales representadas en este gráfico.

Rocas y minerales

Rocas ígneas	Basalto	El basalto es negro oscuro. A veces, contiene burbujas de gas en su interior.
Rocas sedimentarias	Pizarra	La pizarra puede ser negra, roja, marrón o azul. Cuando está húmeda, huele como el barro.
Rocas metamórficas	Mármol	El mármol es una roca suave multicolor. En ocasiones, contiene cristales brillantes.
Minerales	Cuarzo	El cuarzo es un mineral duro. Se parece al vidrio.

(t to b) Harry Taylor/Dorling Kindersley/Getty Images (2) Dr. Parvinder Sethi (3) Harry Taylor/Dorling Kindersley/Getty Images (4) RF Company/Alamy

Utilizamos las rocas y los minerales de muchas maneras. El granito sirve para los edificios y monumentos, y también para las mesadas de las cocinas. Se precisa el mármol para las estatuas y una gran variedad de rocas para las herramientas. Los minerales se emplean para fabricar todo tipo de productos, por ejemplo, los alimentos y los autos.

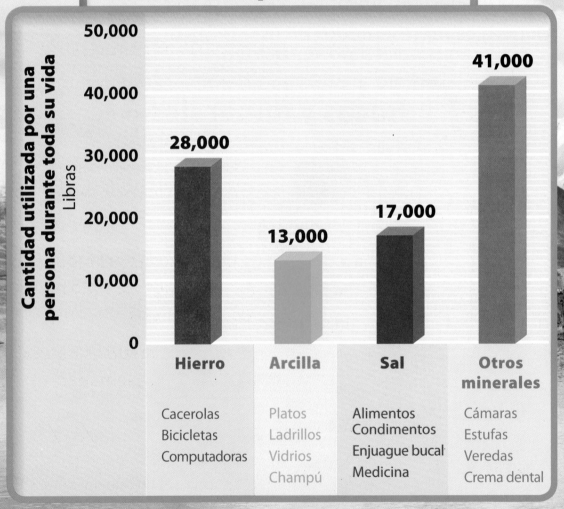

Minerales que utilizamos

Cantidad utilizada por una persona durante toda su vida
Libras

Hierro	Arcilla	Sal	Otros minerales
28,000	13,000	17,000	41,000
Cacerolas	Platos	Alimentos	Cámaras
Bicicletas	Ladrillos	Condimentos	Estufas
Computadoras	Vidrios	Enjuague bucal	Veredas
	Champú	Medicina	Crema dental

Conservar nuestros recursos

Disponemos de una buena **provisión** de algunos recursos naturales. Cuando consumimos el aire y el agua, la Tierra los reemplaza rápidamente, pero produce rocas y minerales más lentamente. Es posible mantener un buen suministro de nuestros recursos usándolos nuevamente. Podemos reciclar aquello que ya no necesitamos.

Así, reducimos la contaminación y mantenemos limpios los recursos naturales, por ejemplo el agua y la tierra. Si trabajamos conjuntamente, **preservaremos** nuestros recursos para todos, por mucho tiempo.

Haz conexiones

¿Cómo puedes proteger nuestros recursos, por ejemplo las rocas y los minerales? **PREGUNTA ESENCIAL**

¿Sobre qué recursos naturales has leído esta semana? **EL TEXTO Y OTROS TEXTOS**

El establecimiento de las reglas

SuperStock/SuperStock

¿? Pregunta esencial

¿Por qué son importantes las reglas?

Lee sobre cómo la Constitución establece las reglas para nuestra nación.

¡Conéctate!

Los autores de la Constitución se reunieron en Filadelfia para fijar las reglas para nuestra nación.

Tus padres votan. Tú expresas tu opinión sobre una nueva ley. Tus vecinos se reúnen. Eres libre de creer en lo que quieras. Todo esto sucede gracias a la Constitución.

En 1787, un grupo de hombres se reunió en Filadelfia. Consideraban que la nación necesitaba un gobierno mejor, ya que cada estado tenía sus propias **reglas**. Deseaban crear un gobierno **unido**. Decidieron **redactar** un nuevo conjunto de reglas reunidas en una Constitución. Todos deberían seguir estas reglas.

Cómo se creó la Constitución

Entre los **autores** de la Constitución se encontraban George Washington, Benjamin Franklin, James Madison y otros líderes de estado. Se les denominó *forjadores* porque forjaron o planificaron las reglas.

AHORA COMPRUEBA

Hacer predicciones ¿Cómo piensas que los *forjadores* crearon la Constitución?

Los *forjadores* no siempre estaban de acuerdo. A veces manifestaban en voz alta que se negaban a aprobar y a oficializar las nuevas reglas. **Finalmente**, después de cuatro meses de debate, se pusieron de acuerdo.

Actualmente, la Constitución es la ley suprema de Estados Unidos. Explica las reglas de la nación y el funcionamiento de nuestro gobierno. Otorga derechos, o privilegios, a todas las personas. Los adultos tienen el

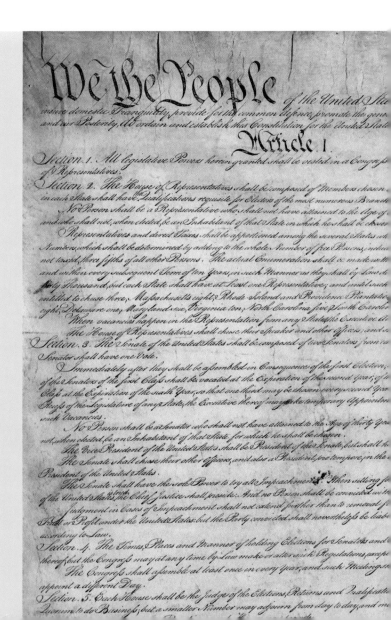

La Constitución

La Constitución no trata solamente sobre la **historia** o las reglas actuales de nuestra nación. El documento se ha convertido en un **símbolo**. Al igual que la bandera nacional, representa la libertad y los derechos individuales.

Puedes ver la Constitución en el Archivo General de la Nación, Washington D. C.

derecho de votar y tú de comunicar tus ideas o expresar tus opiniones. Todos tenemos el derecho de vivir seguros en nuestros hogares. Estos derechos se explican en la Constitución.

Los cambios

La Constitución cambió con el tiempo. Se agregaron algunas reglas al documento original para que los **ciudadanos** tuvieran una vida mejor o más segura. Las primeras diez reglas agregadas se llaman Declaración de Derechos. Incluyen los derechos de las personas en Estados Unidos. Otro cambio dio a las mujeres el derecho de votar. Hasta ahora, se realizaron 27 cambios. Es un documento que se puede cambiar o actualizar en cualquier momento.

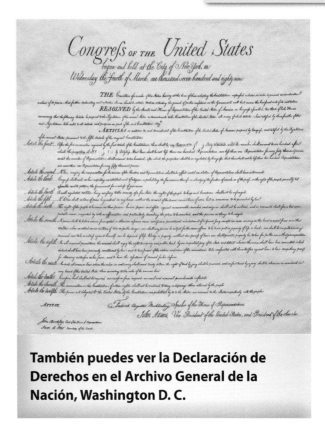

También puedes ver la Declaración de Derechos en el Archivo General de la Nación, Washington D. C.

Respuesta a la lectura

1. ¿Cómo sabes que *"El establecimiento de las reglas"* es un texto expositivo? GÉNERO

2. ¿Por qué se reunieron los *forjadores* y escribieron la Constitución? CAUSA Y EFECTO

3. ¿Qué significa *estado* en la página 485? Usa el diccionario y las palabras de la oración. SIGNIFICADOS MÚLTIPLES

4. ¿Por qué es importante tener un conjunto de reglas para toda la nación? EL TEXTO Y EL MUNDO

Los símbolos nacionales

Cuando piensas en Estados Unidos, ¿qué te imaginas? ¿La Estatua de la Libertad? ¿La Casa Blanca? Estos, así como otros lugares y documentos importantes, son símbolos nacionales. ¿Se te ocurren otros ejemplos?

La Casa Blanca

La Casa Blanca ha sido el hogar de todos los presidentes de EE. UU., excepto George Washington, quien colocó el primer ladrillo. El primer presidente que vivió allí fue John Adams. La Casa Blanca es un símbolo del presidente de EE. UU.

La Campana de la Libertad

La Campana de la Libertad se encargó para el Salón de la Independencia. Allí se reunieron las personas que **redactaron** la Constitución. ¡La grieta de la campana sobrepasa los dos pies! Como su nombre lo indica, la campana simboliza la libertad.

Nueva York

Filadelfia

La Estatua de la Libertad

La Estatua de la Libertad fue un presente de Francia al cumplirse 100 años de la Declaración de la Independencia. Pero no había suficiente dinero para terminarla a tiempo. La estatua se colocó 10 años después del aniversario. Representa la libertad y la esperanza.

Washington D. C. ★

La Constitución

La Constitución es un documento que establece las **reglas** y los derechos de las personas que viven en Estados Unidos. Está guardada y protegida por un vidrio especial en un edificio, hogar de muchos documentos famosos. Simboliza la libertad y los derechos individuales.

N
O ◄─○─► E
S

¿? Haz conexiones

¿Por qué son importantes las reglas de la Constitución? **PREGUNTA ESENCIAL**

¿Cuáles son los símbolos nacionales más importantes? **EL TEXTO Y OTROS TEXTOS**

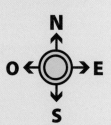

REFERENCIAS

Estados Unidos

★ Capital del país

● Ciudades

LA FLOR DE ORO

UN MITO TAÍNO DE PUERTO RICO

Nina Jaffe

Ilustraciones de Enrique O. Sánchez

Pregunta esencial

¿Qué nos enseñan los mitos sobre las plantas?

Lee acerca de cómo creció una flor de oro y llegó el agua al mundo.

¡Conéctate!

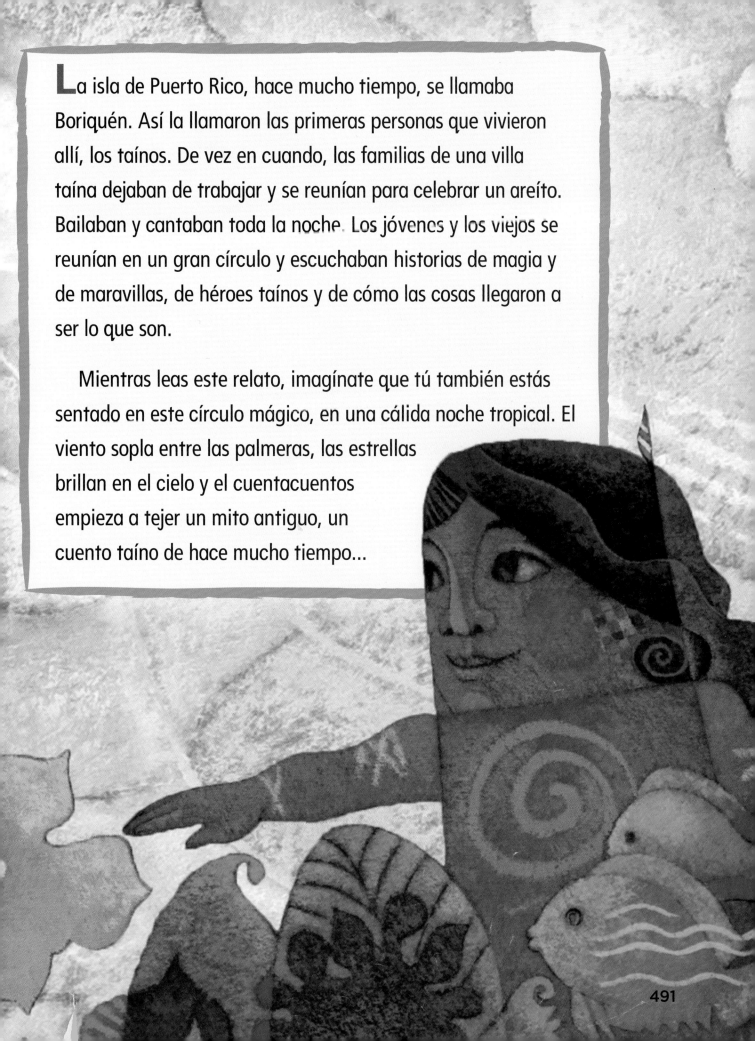

La isla de Puerto Rico, hace mucho tiempo, se llamaba
Boriquén. Así la llamaron las primeras personas que vivieron
allí, los taínos. De vez en cuando, las familias de una villa
taína dejaban de trabajar y se reunían para celebrar un areíto.
Bailaban y cantaban toda la noche. Los jóvenes y los viejos se
reunían en un gran círculo y escuchaban historias de magia y
de maravillas, de héroes taínos y de cómo las cosas llegaron a
ser lo que son.

Mientras leas este relato, imagínate que tú también estás
sentado en este círculo mágico, en una cálida noche tropical. El
viento sopla entre las palmeras, las estrellas
brillan en el cielo y el cuentacuentos
empieza a tejer un mito antiguo, un
cuento taíno de hace mucho tiempo...

491

Al comienzo del mundo, no había agua en
ninguna parte de la tierra. Sólo había una
montaña en un ancho llano desértico.

No había plantas verdes. No había flores. Toda la gente vivía en lo alto de esta montaña.

Un día, un niño salió a caminar por la tierra
árida al pie de la montaña. Al agacharse en busca
de comida, algo flotaba en el aire. Estiró la mano y
lo atrapó. Era una semilla. Una semilla pequeña y
color café. Puso la semilla en su morral.

Al día siguiente, salió a caminar y una vez más encontró algo que flotaba en el aire. Era otra semilla. Día tras día juntó las semillas hasta que se llenó el morral. Ya no cabían más. Y el niño se dijo: "Voy a plantar estas semillas en lo alto de nuestra montaña".

Plantó las semillas y esperó. Una mañana,
apareció una hojita verde. El niño observó. Desde
lo profundo de la tierra, un bosque empezó a
crecer en lo alto de la montaña.

Toda la gente vino a ver. Era un bosque de
flores de muchos colores, un jardín mágico de
hojas verdes y ramas gruesas. El niño estaba feliz.

En la mitad del bosque, al pie del árbol más
alto, creció una planta que se enredó en el árbol.

Y de esa planta creció una
flor más bella que ninguna
otra. Una flor brillante con
pétalos de oro.

AHORA COMPRUEBA

Volver a leer ¿Qué sucede
luego de que el niño planta
las semillas? Vuelve a leer para
comprobar tu comprensión.

497

Y de esa flor apareció algo nuevo en el bosque. Algo
que parecía una pelotita.

—¡Mira! —gritó el niño—. ¡Algo está creciendo de la flor!

Mientras la gente se reunía para mirar, la pelotita creció
y creció hasta que **se convirtió** en un gran globo amarillo
que brilló como el sol. Aun cuando caminaban sobre la
tierra árida al pie de la montaña, la gente la podía ver
brillar en lo alto de la montaña.

Una mujer dijo: —Si pones la oreja cerca del globo podrás escuchar ruidos adentro.

La gente escuchó. Se podían escuchar sonidos extraños y murmullos. Pero nadie sabía lo que estaba escondido adentro.

A la gente le dio miedo. Después de eso, todos se mantuvieron alejados. Incluso el niño.

Un día, un hombre que caminaba por el llano vio el
globo de oro. Dijo: —Si ese globo fuera mío, yo tendría
el poder del sol. Podría encender el cielo o hacer que
cayera la oscuridad. —Y corrió hacia el globo, escalando la
montaña rocosa.

Del otro lado de la montaña, otro hombre vio el globo
brillante, y él también dijo: —Quiero que ese globo sea mío.
Me dará grandes poderes. —Él también empezó a correr.
Ambos hombres escalaron rápidamente la montaña. Cada
uno encontró un sendero que los llevaba al árbol.

Los dos corrieron sin parar hasta llegar al
globo **dorado** al mismo tiempo. Pero lo que
encontraron no era un globo. Era la fruta de la
flor de oro: una calabaza.

Los dos hombres empezaron a pelear y a discutir.

—¡Es mía! —dijo uno.

—¡No, es mía! —dijo el otro.

Cada uno agarró la calabaza. Ambos la empujaron y la jalaron. Empujaron y jalaron. Empujaron y tiraron hasta que...

... finalmente, se quebró la planta. La calabaza empezó a rodar por la montaña más y más rápido, hasta que chocó con una piedra afilada y se reventó...

¡ZUUM! Olas de agua se derramaron de la calabaza. Se formaron burbujas y espuma en el agua. Las olas empezaron a cubrir la tierra, inundando el llano, creciendo más y más.

Era el mar lo que había estado escondido dentro de la calabaza. De ahí salieron ballenas delfines, cangrejos y peces luna. Toda la gente corrió hacia lo alto de la montaña para esconderse en el bosque de hojas verdes.

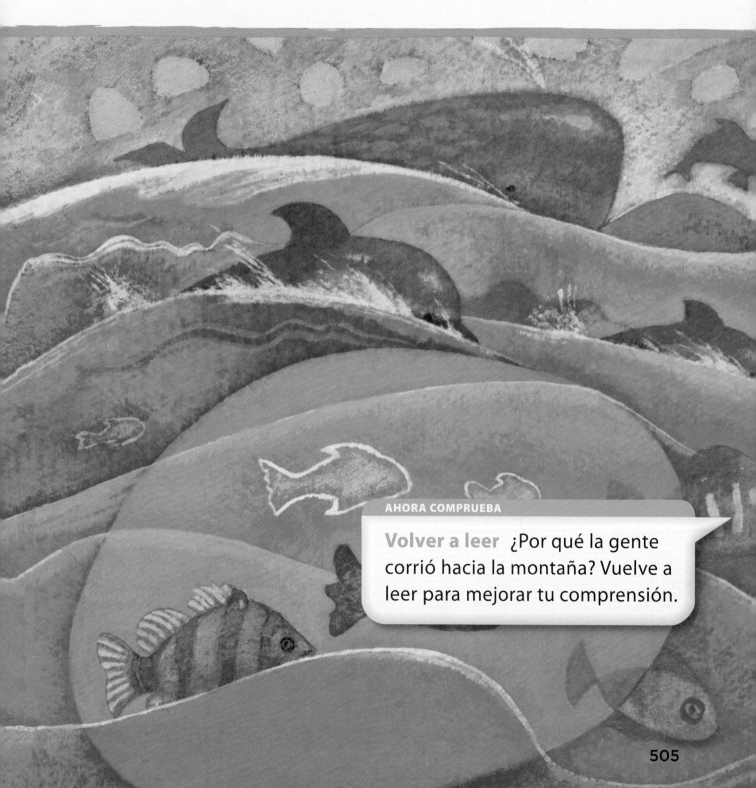

AHORA COMPRUEBA

Volver a leer ¿Por qué la gente corrió hacia la montaña? Vuelve a leer para mejorar tu comprensión.

—¡¿Se cubrirá toda la tierra?! —exclamaron.

Las olas seguían creciendo más y más alrededor de la montaña.

Pero cuando el agua llegó a la orilla del bosque mágico que el niño había plantado, se detuvo.

La gente se asomó por detrás de las hojas.
¿Qué fue lo que vieron? Pequeños riachuelos
que corrían entre los árboles. Una playa de arena
dorada. Y el amplio y abierto océano brillando a
su alrededor.

Ahora la gente podría beber de los refrescantes
riachuelos y bañarse en las **sinuosas** olas. Ahora
podrían pescar y sembrar sus **cultivos**.

Al brillar el sol, el niño reía y cantaba mientras la brisa hacía **susurrar** las coloridas flores entre las hojas verdes. ¡El agua había llegado a la tierra!

AHORA COMPRUEBA

Tema ¿El origen de qué elemento explica este mito?

Así fue, dicen los taínos, que entre el sol y el brillante mar azul nació su isla, su hogar: Boriquén.

DISFRUTEMOS LAS HISTORIAS CON NINA Y CON ENRIQUE

Nina Jaffe Cuando era niña, a Nina le encantaba leer mitos y cuentos populares y luego se los contaba a sus amigos. Tanto le gustaba narrar antiguas historias que todavía lo hace hoy, como escritora. Nina viajó a Puerto Rico y a otros lugares del mundo para investigar sobre las narraciones populares.

Enrique O. Sánchez

Enrique creció en República Dominicana, no lejos de Puerto Rico. Pero se fue a vivir a Estados Unidos y comenzó a hacer arte. Pintó escenografías para obras de teatro y expuso en muestras. Incluso hizo el decorado de programas de televisión. Ahora pinta e ilustra libros.

PROPÓSITO DEL AUTORA

Cuando Nina cuenta este mito, imagina lo que los antiguos pobladores podrían haber dicho. ¿Por qué piensas que incluye *diálogo*, que son las palabras que los personajes dicen?

RESPUESTA A LA LECTURA

Resumir

Resume los sucesos más importantes del cuento. Usa la información de tu tabla de tema como ayuda para ordenar tus ideas.

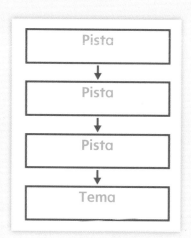

Pista
↓
Pista
↓
Pista
↓
Tema

Evidencia en el texto

1. ¿Cómo sabes que *La flor de oro* es un mito? **GÉNERO**

2. ¿Qué intenta explicar este mito? **TEMA**

3. Busca la palabra *riachuelos* en la página 507. Usa las claves en las oraciones para averiguar su significado. **CLAVES EN LAS ORACIONES**

4. Escribe sobre lo que hizo el agua cuando salió de la calabaza. Da detalles acerca de cómo afectó esto a la gente. **ESCRIBIR SOBRE LA LECTURA**

 **Haz conexiones**

¿Qué te enseña este mito sobre las plantas de calabaza? **PREGUNTA ESENCIAL**

¿Qué aprendiste sobre Puerto Rico leyendo este mito? **EL TEXTO Y EL MUNDO**

Compara los textos
Lee sobre cómo crece y se desarrolla una planta de calabaza.

Una planta de Calabaza

Vemos calabazas durante el otoño. Algunas personas las decoran, otras preparan tartas y otras comen las semillas. ¿Has visto cómo crece y **se desarrolla** una calabaza a partir de una semilla? Aprende acerca de este proceso asombroso.

Las calabazas contienen muchas semillas.

En el interior de una calabaza

Si has observado a alguien cuando corta una calabaza, habrás visto que tiene muchas semillas. Toda calabaza nace de una semilla. Si plantas la semilla, le ofreces el agua, la luz y el aire que necesita, se transformará en una nueva planta de calabaza.

Semilla comestible

Cubierta de la semilla

Planta pequeña

En el interior de la semilla se encuentra todo lo necesario para que crezca una nueva planta de calabaza.

Planta de calabaza

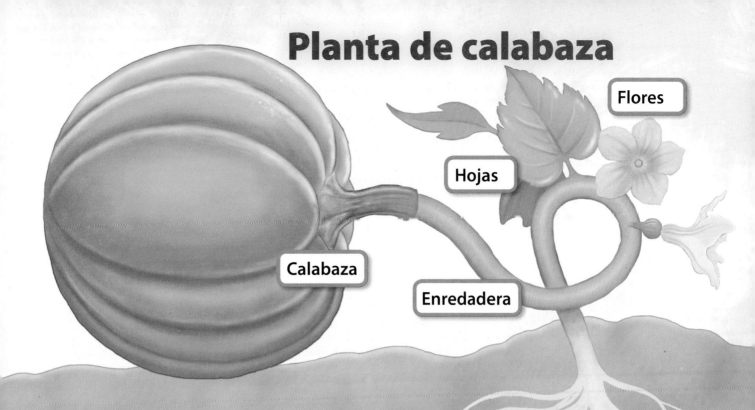

Flores

Hojas

Calabaza

Enredadera

Raíces

Cómo cultivar calabazas

Planta las semillas en un lugar soleado.

Plántalas en primavera.

1. Forma un montículo en la tierra.

2. Coloca 4 o 5 semillas en la parte superior del montículo.

3. Riega las semillas.

4. Mantén la tierra húmeda.

Verás los brotes en 1 o 2 semanas.

Las calabazas estarán listas en aproximadamente 4 meses.

(bkgd) Illustration: Graham Smith (inset) pasmal/amanaimagesRF/Getty Images

Has visto una pequeña semilla y luego una planta de calabaza. Aprende las **etapas** del proceso.

Crece una semilla

Tú plantas una semilla de calabaza y la riegas. En unos pocos días, verás un pequeño brote verde sobre la superficie. Las raíces se desarrollan debajo la superficie.

El brote crece diariamente. Cuando es largo, se convierte en una enredadera. La enredadera se alarga y extiende sobre la tierra. Aparecen unas flores amarillas, que se transformarán en calabazas.

Donde estaban las flores, crecen unas pequeñas calabazas verdes. Luego, las calabazas se agrandan y adquieren un color naranja. Pronto estarán listas para sacarlas. Ahora el ciclo comienza nuevamente.

Calabaza

Finalmente, las calabazas se agrandan y adquieren un color naranja.

Semilla

Una calabaza comienza como una semilla.

Ciclo de vida de una planta de calabaza

Calabaza verde

Se forman pequeñas calabazas verdes en la planta.

Brote

Luego crece un brote.

Flor

Crecen flores amarillas en la planta.

Enredadera

El brote se alarga y se convierte en enredadera.

 Haz conexiones

¿Qué aprendiste acerca de las plantas de calabaza? **PREGUNTA ESENCIAL**

¿Qué has aprendido esta semana sobre cómo crecen las plantas? **EL TEXTO Y OTROS TEXTOS**

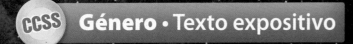

Mi luz

MOLLY BANG

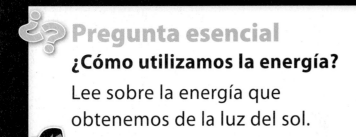

Pregunta esencial

¿Cómo utilizamos la energía?

Lee sobre la energía que
obtenemos de la luz del sol.

¡Conéctate!

Cuando por las noches ves las luces de la ciudad, te parece que las estrellas han caído a la Tierra.

SON luces de las estrellas, mi luz.

Soy tu Sol, una estrella dorada.

Ves mi resplandor como luz.

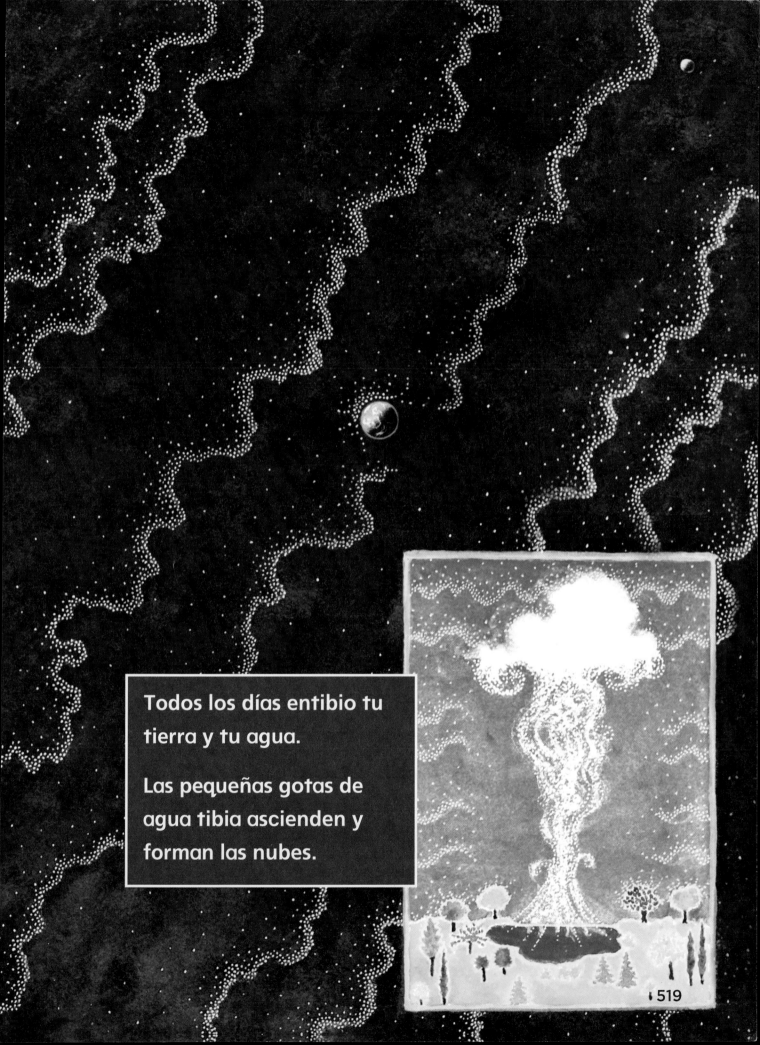

Todos los días entibio tu
tierra y tu agua.

Las pequeñas gotas de
agua tibia ascienden y
forman las nubes.

519

Las nubes se enfrían.

Mi **energía** cae en forma
de lluvia.

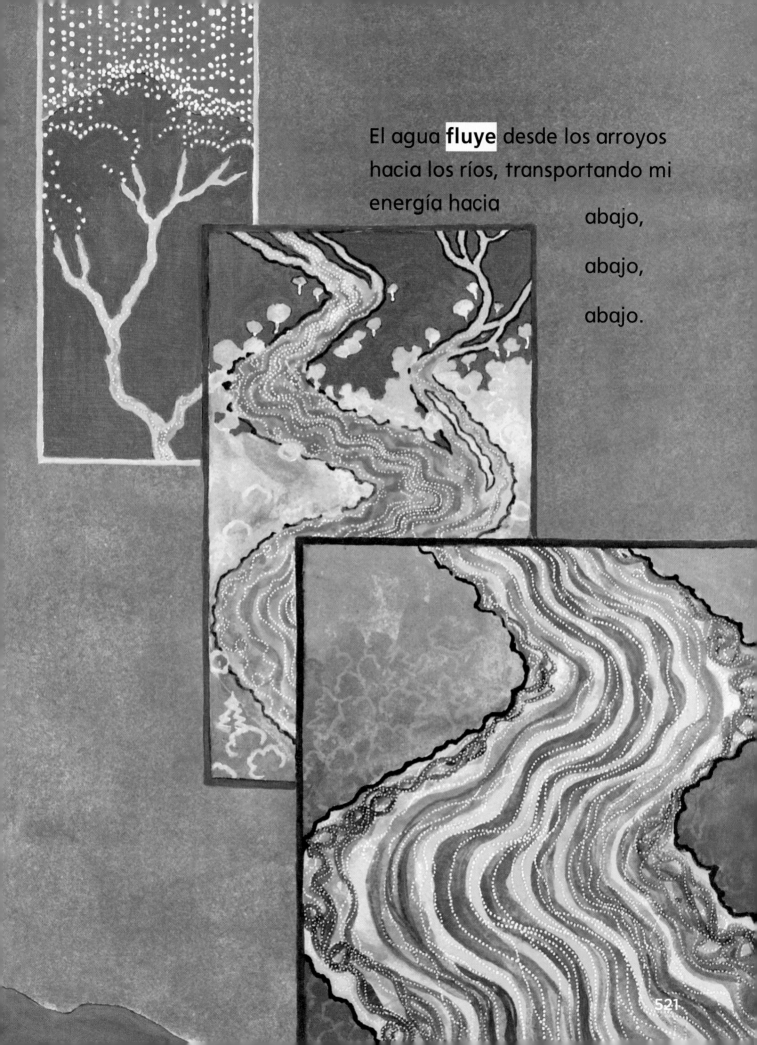

El agua **fluye** desde los arroyos
hacia los ríos, transportando mi
energía hacia

abajo,

abajo,

abajo.

¡Un dique! Ustedes los seres humanos detienen el flujo. Mi energía está atrapada.

¡Un zumbido! El agua desciende por túneles hacia turbinas enormes.

¡Un silbido! El agua hace girar las turbinas, enviando mi energía hacia **generadores**, que producen **electricidad**.

Ahora mi energía está en la electricidad.

Fluye a través de alambres de cobre.

AHORA COMPRUEBA

Volver a leer ¿Qué sucede una vez que el dique atrapa la energía? Vuelve a leer para asegurarte.

¡Los cables zumban!
La electricidad fluye,
impulsando, impulsando, impulsando
mi energía hacia
tus ciudades
y poblaciones.

Brillo sobre la tierra y entibio el aire todos los días. El aire tibio se eleva. Aparece el aire más fresco y forma el viento.

¡Un silbido! ¡Otro silbido! El viento hace girar las paletas de las turbinas, enviando mi energía hacia generadores, que producen electricidad.

A través de alambres de cobre, la electricidad fluye hacia tus ciudades y poblaciones.

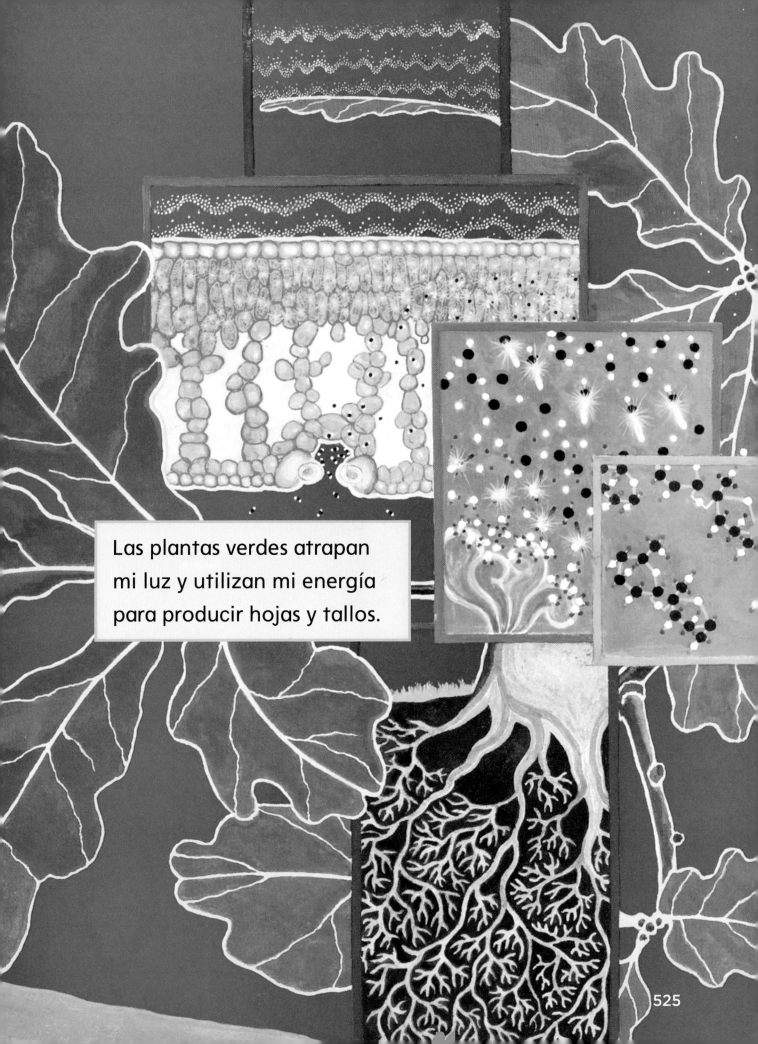

Las plantas verdes atrapan mi luz y utilizan mi energía para producir hojas y tallos.

Mi energía produce cada arbusto y flor, caña y cactus, fruto y árbol. Mi luz abastece todas las plantas sobre la tierra.

Algunas plantas son comestibles. Mi energía fluye hacia todo aquello que las come.

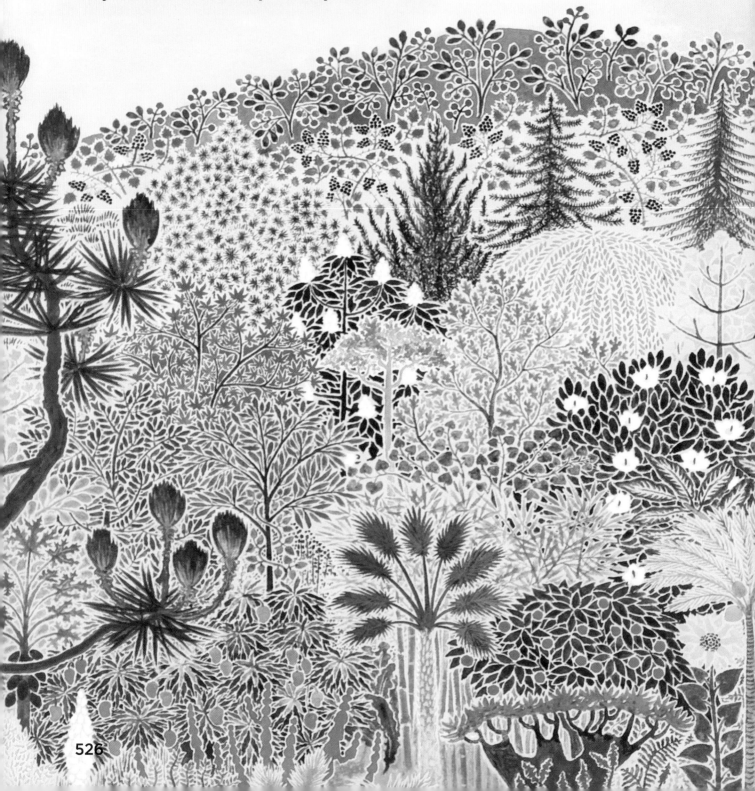

Otras plantas mueren y están enterradas.
Algunas han estado enterradas durante
millones de años y se han convertido en carbón.
Mi energía permanece en un nivel **subterráneo**,
encerrada en el carbón.

¡Un crujido! ¡Un rugido! Ahora ustedes, los seres humanos, excavan, **extraen** el carbón y lo queman.

El fuego calienta el agua y la transforma en vapor. ¡Un silbido! El vapor se precipita contra enormes turbinas, haciéndolas girar. Las turbinas envían mi energía hacia generadores, que producen electricidad.

Desde las centrales eléctricas alimentadas con carbón, la electricidad fluye a través de cables de cobre hacia tus ciudades y pueblos.

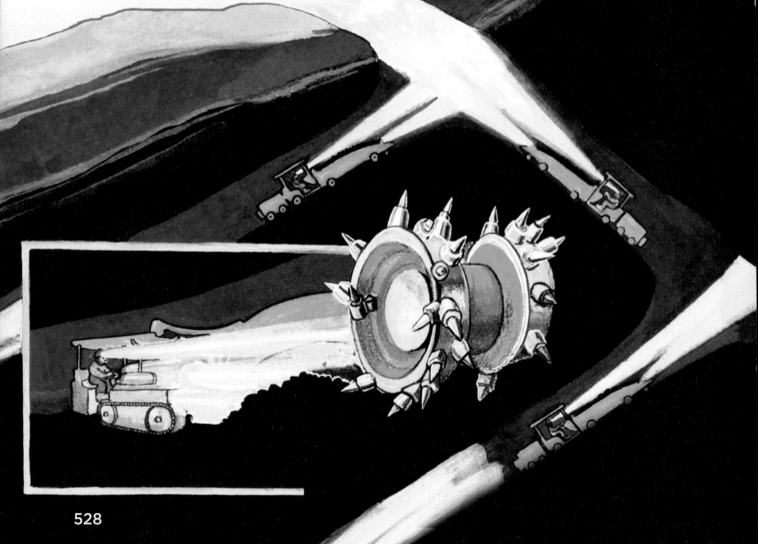

529

Mi luz cae sobre células **solares** y carga sus electrones.

Sin turbinas, sin generadores, la electricidad se desplaza a través de las células, que la envían hacia los cables de cobre.

La electricidad fluye hacia el edificio que está debajo.

Al caer la noche, enciendes la luz.

Desde el agua y el viento, desde el carbón y los paneles solares silenciosos, mi energía entra a tu cuarto.

La electricidad alumbra la noche.

En el interior de una lámpara eléctrica, un cable se calienta. Brilla.

En el interior de un tubo fluorescente, el gas se convierte en energía. Brilla.

Cuando enciendes las luces por la noche, te parece que las estrellas han caído a la Tierra.

Esas luces son parte de la energía que proviene de mí, tu estrella dorada, atrapada y transformada por tu tierra y por ustedes.

Ahora, mi luz ilumina tus ciudades y poblaciones.

Luego, al igual que la luz estelar de la cual provino, desaparece en el espacio.

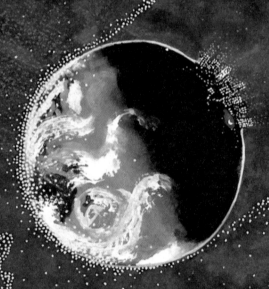

AHORA COMPRUEBA

Volver a leer ¿De qué manera la luz del Sol ilumina tu ciudad? Vuelve a leer para estar seguro.

533

Conozcamos a la autora e ilustradora

Molly Bang comenzó a familiarizarse con la ciencia desde su infancia, ya que sus padres eran científicos. Molly pasaba los veranos en la Escuela de Ciencia y visitaba los laboratorios donde trabajaban sus padres.

Molly ha recibido premios a lo largo de su carrera como autora e ilustradora. Sus palabras y dibujos aportan vida a sus obras. En tres oportunidades, ha merecido el "Caldecott Honor" por sus ilustraciones.

Propósito de la autora

Molly hace que el Sol hable y desarrolle el tema de la electricidad. Cuando un autor hace que algo actúe o se comporte como una persona, aplica la personificación. En la vida real, el Sol no puede contar una historia. ¿Por qué consideras que Molly presenta la información de esta forma?

Jim Green

Respuesta a la lectura

Resumir

Usa detalles importantes para resumir lo que sucede en la selección. La información de tu tabla de propósito del autor será de gran ayuda.

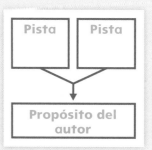

Evidencia en el texto

1. ¿Cómo sabes que *Mi luz* es un texto expositivo? GÉNERO

2. ¿Por qué la autora escribió esta selección?
   PROPÓSITO DE LA AUTORA

3. Usa las claves del párrafo para comprender el significado de la palabra *resplandor* en la página 518. CLAVES EN EL PÁRRAFO

4. Escribe lo que aprendiste sobre la electricidad en *Mi luz*. ESCRIBIR SOBRE LA LECTURA

Haz conexiones

¿Cómo utilizamos la energía para producir electricidad? PREGUNTA ESENCIAL

¿Qué tipo de energía se utiliza en el lugar donde vives? EL TEXTO Y EL MUNDO

LA POTENCIA DEL AGUA

¿Sabes lo que sucede cuando llueve? Las gotas de agua caen desde las nubes del cielo. Cuando la tormenta pasa, quedan charcos de agua en el suelo. En poco tiempo, esos charcos también desaparecen. ¿Dónde está el agua? ¿Se ha ido para siempre?

El agua no desaparece. El agua de la Tierra siempre se recicla. El agua se mueve constantemente, sobre y debajo de la superficie de la Tierra. Este proceso se denomina *ciclo del agua*.

EL CICLO DEL AGUA

El Sol calienta el agua sobre la superficie de la Tierra. Esta energía **solar** convierte el agua líquida en un gas llamado *vapor de agua*. El vapor de agua asciende y se convierte en líquido en forma de gotas, formando las nubes.

Cuando el agua pesa en las nubes, cae a la Tierra como lluvia. En las zonas de bajas temperaturas, cae como nieve, aguanieve o granizo, que son formas sólidas del agua.

El agua que cae llena nuevamente los ríos, lagos y océanos. Por eso se lo denomina ciclo del agua, ya que el mismo proceso se desarrolla continuamente con la misma secuencia. Al igual que en un círculo, no tiene principio ni fin.

EL CICLO DEL AGUA

La condensación se produce cuando el vapor de agua forma las nubes.

El agua se evapora.

El agua cae en forma de lluvia, nieve, aguanieve o granizo.

Océanos / Lagos / Ríos / Agua subterránea

LA ENERGÍA DEL AGUA

El agua constituye una fuente de **energía** que utilizan las personas. La energía, o potencia, es la habilidad para realizar trabajos. Cuando el agua se mueve rápidamente, transporta energía. Un río rápido es un ejemplo de agua en movimiento. El agua es tan potente que mueve no solo a las personas en las balsas, sino también a las rocas y los árboles. Una catarata es otro ejemplo de agua en movimiento que transporta energía. Las cataratas más altas transportan más energía.

La potencia del agua mueve a las personas en las balsas.

© Bettmann/Corbis

CÓMO TRABAJA EL AGUA

La gente sabe cómo poner a trabajar el agua en movimiento. La potencia del agua se usa para crear electricidad. Primero, se construye un dique en un río rápido. El dique retiene el caudal del río y controla la cantidad de agua que pasa. En el dique, el agua se desliza por un conducto para producir electricidad que luego se distribuye a través de las líneas de transmisión.

La provisión de agua depende del ciclo del agua en la Tierra. Muchas personas dependen de la potencia del agua para tener electricidad.

El dique en el cañón Glen está construido en el río Colorado.

Haz conexiones

¿Cómo utilizan las personas la energía del agua? PREGUNTA ESENCIAL

Según el material que has leído esta semana, ¿de qué forma se puede producir energía? EL TEXTO Y OTROS TEXTOS

MANUAL DEL ASTRONAUTA

MEGHAN MCCARTHY

¿? **Pregunta esencial**

¿Por qué es importante el trabajo en equipo?

Lee sobre cómo los equipos de astronautas se preparan para explorar el espacio.

¡Conéctate!

¡Bienvenido a la escuela para astronautas! Pronto estarás abordando una **nave** espacial y DESPEGANDO hacia el espacio. Diferentes tipos de personas se han convertido en astronautas: maestros, pintores y hasta **buceadores** de gran profundidad. ¡Tú también puedes ser astronauta!

Primero necesitas decidir qué tipo
de astronauta quieres ser.

Hay astronautas que
vuelan naves espaciales...

astronautas que dirigen
experimentos científicos,
como el cultivo de plantas...

y astronautas que pueden **reparar** satélites.

Convertirse en astronauta exige mucha preparación. Es importante estudiar mucho en la escuela. Estudiar no es siempre fácil, ¡pero no te rindas!

Deberás aprobar algunas pruebas físicas estrictas para convertirte en astronauta, ¡así que vístete y comienza a nadar! Una prueba consiste en nadar con tu **traje** y zapatillas de vuelo.

También es importante saber trabajar en **equipo**. Como en el espacio vas a comer, dormir y trabajar en habitaciones con mucha gente, ¡sé amable con tu vecino y no te pelees!

Ahora que puedes trabajar bien con otros, es momento del entrenamiento de supervivencia. Este entrenamiento te ayudará a ser más fuerte y te va a **preparar** para vivir en entornos hostiles.

Cuando estés preparado mental y físicamente, empieza el verdadero trabajo. La práctica lleva a la perfección. Los que en tu grupo hayan decidido ser ingenieros, practicarán con **máquinas** muy parecidas a las que van a usar en el espacio.

AHORA COMPRUEBA

Resumir Resume lo que has leído hasta ahora sobre la preparación de un astronauta.

Quienes quieran ser pilotos de la nave
espacial, deberán aprender a volar.

Ya pasaste la parte difícil, ¡y ahora es momento de divertirse! Un avión especial apodado Cometa Vómito te llevará a lo alto del cielo y te traerá ZUMBANDO a la Tierra. Como resultado, ¡podrás FLOTAR! Quizás se revuelva tu estómago, pero te acostumbrarás.

También deberás llevar la comida que te gustaría comer en el espacio. Es importante seguir una dieta balanceada para estar fuerte durante tu viaje. ¡Hasta puedes comer postre, como por ejemplo helado seco para consumir en el espacio!

Así luce un baño en el espacio.

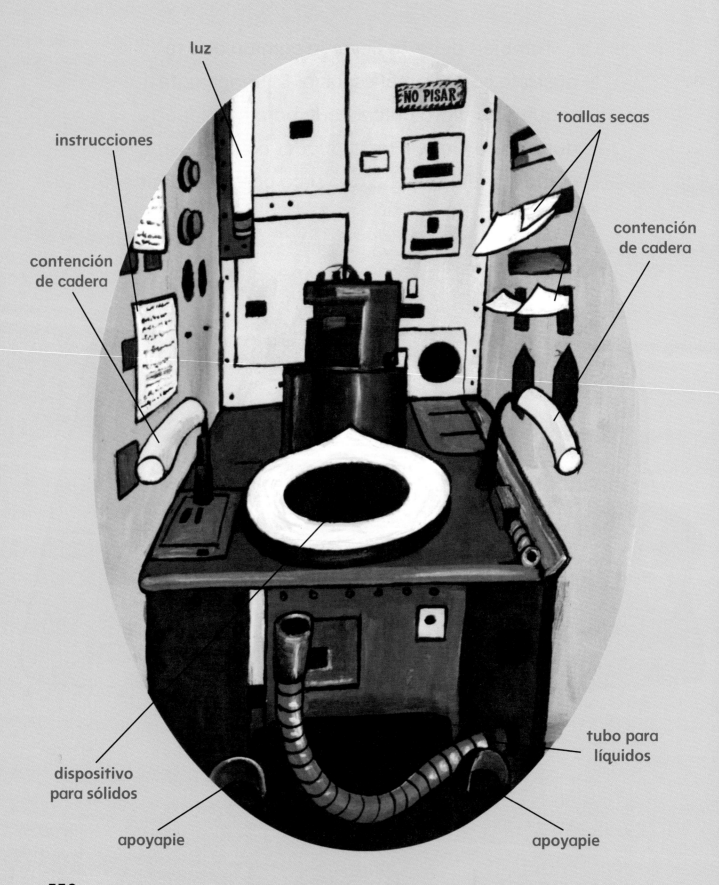

luz

instrucciones

toallas secas

contención
de cadera

contención
de cadera

dispositivo
para sólidos

tubo para
líquidos

apoyapie

apoyapie

Y así lucirá tu traje espacial.

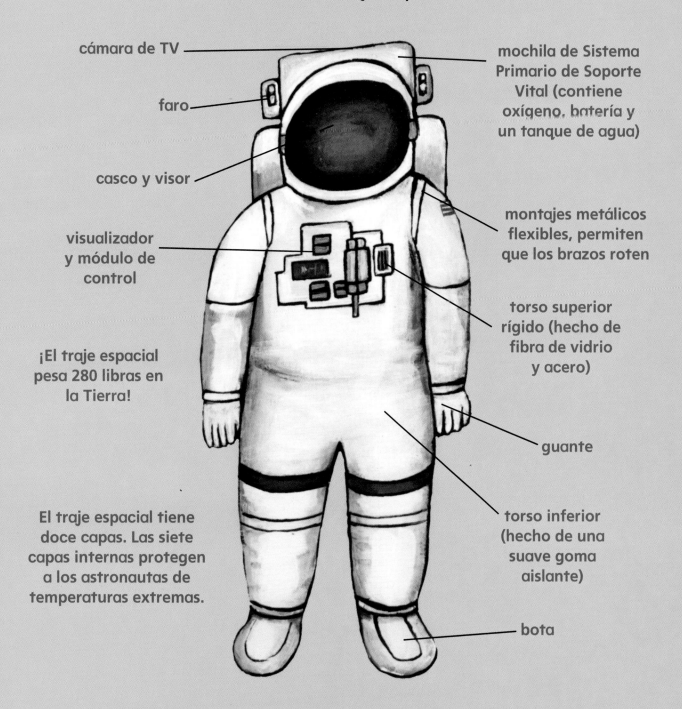

cámara de TV

faro

casco y visor

visualizador
y módulo de
control

mochila de Sistema
Primario de Soporte
Vital (contiene
oxígeno, batería y
un tanque de agua)

montajes metálicos
flexibles, permiten
que los brazos roten

torso superior
rígido (hecho de
fibra de vidrio
y acero)

¡El traje espacial
pesa 280 libras en
la Tierra!

guante

El traje espacial tiene
doce capas. Las siete
capas internas protegen
a los astronautas de
temperaturas extremas.

torso inferior
(hecho de una
suave goma
aislante)

bota

Deberás usar este traje para trabajar fuera de
la nave espacial. Es blanco para que los rayos del
sol se reflejen. Se adaptará a tus medidas exactas.
Más de cien mediciones serán tomadas solo de
tu mano.

¡Por fin llegó el momento de despegar!
Ponte el traje de vuelo color naranja, que se
usa para despegues y aterrizajes, y prepárate
para abordar la nave espacial. Deberás estar
sentado por lo menos tres horas antes del
despegue.

Prepárate para el
paseo de tu vida.

3... 2... 1...
¡DESPEGUE!

Conviene que te gusten
los espacios pequeños.

¡Trabaja duro y disfruta de tu tiempo en el espacio!

Volver a leer ¿Cómo crees que se siente un astronauta en el espacio? Vuelve a leer para comprobar tu comprensión.

CONOZCAMOS A LA AUTORA E ILUSTRADORA

MEGHAN MCCARTHY construyó una nave espacial en su garaje cuando tenía seis años. También jugaba con una nave de cartón en su clase. Al crecer y convertirse en escritora, Meghan quiso escribir un libro que "no fuera como cualquier otro libro sobre el espacio escrito para niños". Ella quería explicar qué es lo que los astronautas realmente experimentan para convertirse en astronautas.

Meghan ha ilustrado libros por mucho tiempo. ¡Ilustró su primer libro antes de aprender a leer! Primero hizo los dibujos. Luego le dijo a su abuela lo que debía escribir.

PROPÓSITO DE LA AUTORA

Meghan escribe esta selección como si estuviera hablando con el lector. Usa la palabra *tú*. ¿Por qué crees que escribe así?

RESUMIR

Piensa en los detalles importantes para resumir la selección. Usa la tabla de idea principal y detalles clave como ayuda.

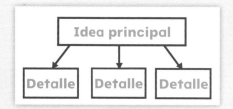

EVIDENCIA EN EL TEXTO

1. ¿Cómo sabes que *Manual del astronauta* es un texto expositivo? GÉNERO

2. ¿Cuál es la idea principal de la información en la página 543? ¿Que detalles respaldan esa idea?
IDEA PRINCIPAL Y DETALLES CLAVE

3. Utiliza lo que sabes sobre raíces griegas para descubrir el significado de *astronauta* en la página 541. RAÍCES GRIEGAS Y LATINAS

4. Escribe cómo puedes convertirte en astronauta. Provee detalles sobre la preparación que necesitas. ESCRIBIR SOBRE LA LECTURA

Haz conexiones

¿Por qué es importante el trabajo en equipo para los astronautas? PREGUNTA ESENCIAL

¿Cómo trabajan en equipo los miembros de tu clase? EL TEXTO Y EL MUNDO

Compara los textos
Lee acerca de un equipo que escaló hasta la cima del mundo.

Trabajo en equipo hacia la cima

Cuando Jordan Romero tenía nueve años, vio un cuadro de las montañas más altas del mundo. Jordan se propuso escalar cada una, pero tenía un problema. No podía hacerlo solo. Jordan sabía qué era lo que resolvería el problema: un equipo que escalara con él. Su padre y su madrastra, experimentados montañistas, se convirtieron en sus compañeros de equipo.

El equipo se prepara

Antes de escalar, el equipo siguió un plan de ejercitación. Corrían largas distancias cargando pesadas mochilas y tirando de neumáticos. Desarrollaron cuerpos fuertes para prepararse para el duro ascenso, mientras creaban los lazos que los ayudarían a trabajar juntos.

A los 13, Jordan Romero se convirtió en la persona más joven en escalar el monte Everest.

Karen Lundgren, Team Jordan

558

Llegando al Everest

El equipo de Jordan estaba listo para los peligros de la **exploración**. El Everest es la montaña más alta del mundo. ¡La cima del Everest es más alta de lo que algunos aviones pueden volar! En la cima hay poco oxígeno para respirar. Esto es un problema para los escaladores. La falta de oxígeno podría hacerlos marear, así que el equipo resolvió el problema con máscaras de oxígeno.

El equipo de Jordan necesitaba más ayuda. Entonces, expertos en montañismo, llamados sherpas, los acompañaron. Cada experto aportó algo especial al equipo.

Mte. Everest

Mte. Everest
China
Nepal
India
N O E S

Llegando a la cima

El equipo de Jordan estuvo en la montaña por 51 días. Una soga los mantenía unidos para mantenerlos a salvo. Cuando alcanzaron la cumbre, celebraron. ¡Con el trabajo en **equipo** alcanzaron el punto más alto del mundo!

Haz conexiones

¿Por qué el trabajo en equipo fue importante en las exploraciones de Jordan? PREGUNTA ESENCIAL

¿Cómo trabajan los equipos para resolver problemas? EL TEXTO Y OTROS TEXTOS

LOCURA POR EL DINERO

David A. Adler - Ilustraciones de Edward Miller

MONEY MADNESS Text Copyright © 2009 by David A. Adler. Illustrations Copyright © 2009 by Edward Miller. All rights reserved. Used by permission of Holiday House, Inc.

Pregunta esencial

¿Cómo usamos el dinero?

Lee sobre cómo funciona el dinero.

¡Conéctate!

¿Por qué están todos locos por el dinero?

La gente habla de dinero y trabaja por dinero.

Parecen siempre querer más dinero.

Echa un vistazo al billete de un dólar.

Tiene un lindo retrato de

George Washington,

¡pero es solo papel!

¿Por qué la gente quiere dinero? Quieren dinero porque se usa para **comprar** cosas.

Imagina un mundo sin dinero. Si tuvieras hambre y no existiera algo como el dinero, ¿cómo comprarías una pieza de pan? Tendrías que ser tu propio panadero.

Sin dinero, ¿cómo conseguirías los ingredientes para el pan? Si nadie te diera o te vendiera la harina, tendrías que cultivar el trigo, cosecharlo, molerlo y tamizarlo para conseguir la harina para tu pan.

Si algo como el dinero no existiera y necesitaras ropa nueva, tú tendrías que fabricarla.

Imagina si tuvieras que tejer tu propio suéter. Imagina si tuvieras que criar una oveja y esquilarla, hilar la lana y después tejer el suéter tú mismo.

Hace mucho tiempo, antes de que existiera el dinero, la gente no podía comprar cosas. Cuando tenían hambre, recogían bayas y mataban animales. Cuando tenían frío, juntaban leña para sus fogatas.

Antes de que existiera el dinero, la gente recolectaba y cazaba lo que necesitaba. Eran autosuficientes.

A algunos les gustaba cazar. Eran buenos en eso. Otros eran buenos haciendo garrotes o ropa. Pronto la gente empezó a intercambiar cosas. El que hacía garrotes, intercambiaba con el que hacía ropa.

El **sistema** de intercambiar una cosa por otra se llama trueque.

Quizás tú practicas el trueque. ¿Alguna vez has cambiado un juguete por otro? En el almuerzo, ¿alguna vez has cambiado una manzana por una naranja? Eso es el trueque.

Sin embargo, el trueque no siempre funciona.
Un cazador podría cambiar un animal por bayas,
pero ¿por cuántas bayas? ¿Y qué pasaría si al
cazador no le gustaran las bayas?

¿Cómo podría un panadero conseguir una casa?
¿Cuántas hogazas de pan necesitaría?

¿Y por qué alguien querría tanto pan? Mucho
antes de que la persona pudiera comerlo todo, la
mayor parte de ese pan se pondría duro.

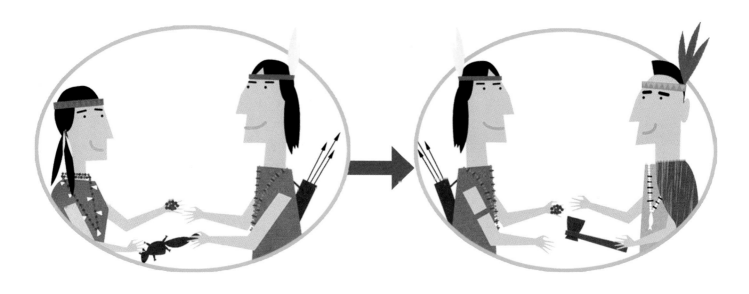

Un cazador que no quisiera bayas, podría intercambiarlas, de todas formas, para luego volver a cambiarlas por algo que desee.

La dueña de una casa podría intercambiarla por pan para luego cambiarlo por algo que quisiera.

En esos intercambios, las bayas y el pan funcionarían como dinero.

Hubo un tiempo en que las vacas, los camellos, las rocas, las plumas, la sal, el pescado seco, los anzuelos, las pieles de animales y las cuerdas con cuentas hechas de almejas se usaban como dinero.

La gente **valoraba** las vacas, las ovejas y los camellos. Y siempre podían intercambiar uno de esos animales por algo que quisieran.

¿Pero qué pasaba si algo **valía** la mitad de una vaca? No querría cortar la vaca por la mitad para comprar algo.

¿Qué pasaba si la oveja o el camello que querían cambiar estaba enfermo? Tendrían problemas para intercambiarlo.

Cuando los animales se usaban como dinero, tu dinero necesitaba alimento. El dinero podía morir o escaparse.

Las rocas también fueron una forma de dinero. Son de tamaños diferentes, pero pesadas para transportar.

También las plumas se utilizaban como dinero; son livianas, pero se pueden volar.

Necesitaban algo que no se enfermara, que no necesitara alimento, ni fuera demasiado pesado o demasiado liviano, que viniera en diferentes pesos y tamaños, y que toda la gente quisiera.

AHORA COMPRUEBA

Resumir Resume las formas de intercambio sobre las que leíste.

569

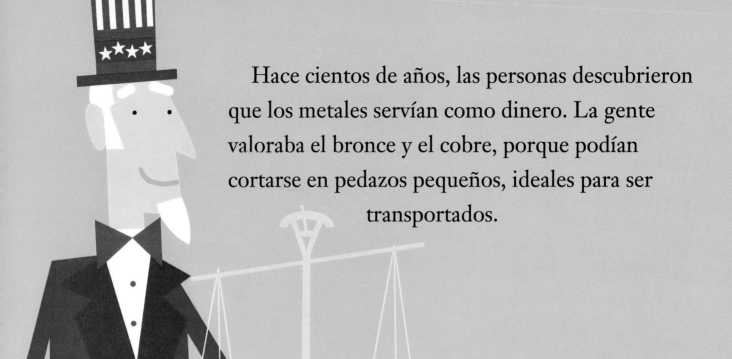

Hace cientos de años, las personas descubrieron que los metales servían como dinero. La gente valoraba el bronce y el cobre, porque podían cortarse en pedazos pequeños, ideales para ser transportados.

Para saber cuánto valía cada pedazo, la gente solo tenía que pesarlo. Cuanto más pesado era el pedazo, mayor era su valor.

Estos pedacitos metálicos se convirtieron en las primeras monedas.

Luego las monedas se hicieron de plata y oro. A la gente le gustaban la plata y el oro, así que estaban contentos de intercambiar cosas por esos metales.

Pero transportar monedas es difícil, así que se **inventó** el papel moneda.

El primer papel moneda era como una promesa impresa, una promesa de que el dinero podía llevarse al banco y cambiarse por monedas de plata y oro.

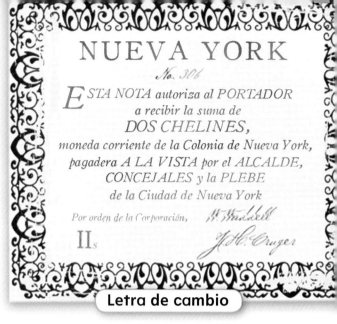

Letra de cambio

Cada país tiene su propio dinero. En Estados Unidos la gente ya no usa monedas de plata y oro como dinero.

Pero el papel moneda todavía tiene valor, porque se lo puede utilizar para comprar cosas.

México

Puedes usar el papel moneda para comprar pan, muebles o ropa. Puedes usarlo para comprar una casa. Inclusive puedes usarlo para comprar oro y plata.

Europa

En Estados Unidos, la gente usa dólares. En México usan pesos, en Israel, nuevos shéquels; en Rusia, rublos; en China, yuanes; en Canadá, dólares; en Sudáfrica, rands; y en Brasil, reales. En muchos países de Europa la gente usa euros.

China

Brasil

El valor del dinero cambia todo el tiempo en cada país. Un dólar estadounidense puede valer diez pesos mexicanos un día y un poco más o menos al día siguiente.

Tu dólar puede valer siete yuanes chinos un día y un poquito más o menos al día siguiente.

2 dólares

1 dólar

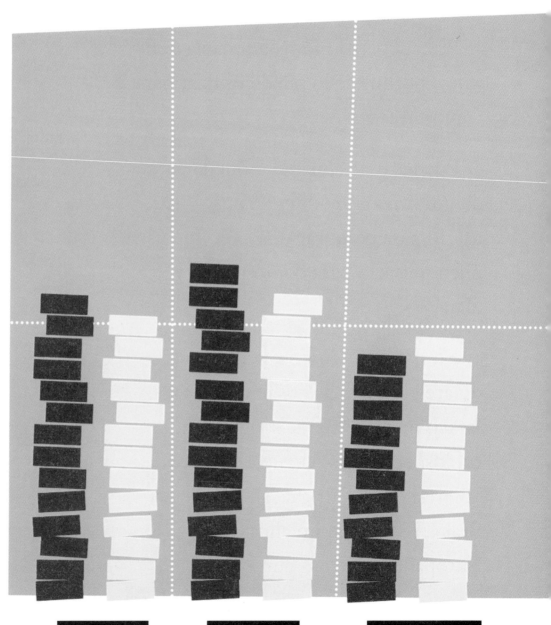

■ peso mexicano

□ yuan chino

| lunes | martes | miércoles |

El valor del dinero de cada país aumenta cuando los **precios** bajan en ese país. Cuando eso pasa, cada dólar puede comprar más cosas.

El valor del dinero de cada país baja cuando los precios suben en ese país. Cuando los precios suben, el mismo dólar puede comprar menos cosas.

Cuando los precios bajan, el valor del dólar sube. Por ejemplo, cuando una bola de helado cuesta un dólar, cada dólar puede comprar una bola. Si los precios bajan y una bola de helado ahora cuesta solo cincuenta centavos, un dólar compra el doble de lo que compraba antes. Ahora un dólar compra dos bolas de helado. El valor del dólar en relación al helado aumentó.

Cuando los precios bajan en un país, no solo para el helado sino para muchas, o la mayoría de las cosas, el valor de su moneda aumenta.

Los cheques y las tarjetas de crédito también son dinero, porque se los puede usar para comprar cosas.

Algunas personas incluso usan dinero digital. Para el dinero digital, hay un **registro** del dinero de una cuenta en la computadora. Cuando gastas ese dinero para comprar o bajar música, el importe que gastas se saca de tu cuenta.

Aunque no puedas verlo, el dinero digital también es dinero, porque se lo puede usar para comprar cosas.

AHORA COMPRUEBA

Resumir ¿Cómo funciona el dinero digital? Resume lo que has leído.

575

Ya no vivimos en un mundo solo de cazadores y recolectores de comida. Vivimos en un mundo de bailarines, maestros, doctores, astronautas, dentistas y panaderos.

Sin dinero, es difícil imaginar qué tendría que intercambiar una bailarina para comprar un auto.

Sin dinero, es difícil imaginar qué tendría que intercambiar una maestra para comprar un suéter.

Es difícil imaginarse un mundo sin dinero.

Ahora busca en tus bolsillos. ¿Tienes monedas? ¿Tienes billetes? Si los tienes, es probable que te sientas feliz.

Sabes que con dinero puedes comprar las cosas que quieres. Con dinero puedes comprar las cosas que necesitas.

TÍPICO HELADO ESTADOUNIDENSE DEL TÍO SAM

CONOZCAMOS AL AUTOR Y AL ILUSTRADOR

DAVID A. ADLER solía escribir cuentos para sus hermanos y hermanas menores. Su cuento favorito contaba la historia de una niña que plantaba flores en sus zapatos. "¡Todavía estoy creando historias!", dice David. Se convirtió en autor y ha escrito más de 200 libros para niños. *Locura por el dinero* es uno de varios libros que ha escrito sobre el dinero y cómo funciona. Otros libros de David tratan sobre historias de misterio y biografías.

EDWARD MILLER dibujaba mucho cuando era niño. Ahora usa una computadora para crear ilustraciones para niños. A su gato Jimmy le gusta recostarse en su brazo mientras él trabaja. ¡Jimmy pesa 14 libras!

PROPÓSITO DEL AUTOR

Locura por el dinero tiene un gráfico de barras en la página 572. ¿Por qué crees que David incluyó este gráfico en su libro? ¿En qué forma te ayuda a entender lo que David quiere enseñar sobre el dinero?

RESPUESTA A LA LECTURA

RESUMIR

Usa detalles importantes para resumir qué sucede en la selección. La información de tu tabla de problema y solución puede ayudarte.

Problema
↓
Pasos hacia la solución
↓
Solución

EVIDENCIA EN EL TEXTO

1. ¿Cómo sabes que *Locura por el dinero* es un texto expositivo? **GÉNERO**

2. ¿Cómo resolverías el problema de necesitar un suéter nuevo en un mundo sin dinero? La información en la página 563 te ayudará. **PROBLEMA Y SOLUCIÓN**

3. Usa las claves en el párrafo para descubrir el significado de *autosuficiente* en la página 564. **CLAVES EN EL PÁRRAFO**

4. Escribe acerca de qué es el trueque y el problema que resuelve. **ESCRIBIR SOBRE LA LECTURA**

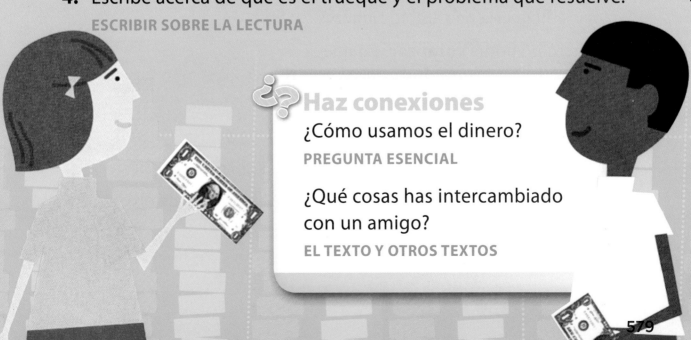

¿? Haz conexiones

¿Cómo usamos el dinero? **PREGUNTA ESENCIAL**

¿Qué cosas has intercambiado con un amigo? **EL TEXTO Y OTROS TEXTOS**

Compara los textos

Lee acerca de un rey y de los problemas que causa por desear oro.

EL REY MIDAS
Y EL
TOQUE DORADO

Hace muchos años, el rey Midas vivía en un magnífico palacio con un hermoso jardín de rosas. Tenía una hija a la que quería mucho.

Un día, el rey Midas hizo una obra buena por un amigo, quien lo premió concediéndole un deseo. El rey Midas quería hacerse rico, pero no deseaba **plata**. No quería comprar joyas y mercancías. El quería en cambio riquezas que el dinero no podía **comprar**. Lo que el rey deseaba era que todo lo que tocara se convirtiera instantáneamente en oro.

El amigo le concedió ese deseo, y el rey Midas corrió hasta su jardín y tocó una rosa. Instantáneamente, la rosa se volvió de oro. El rey Midas aplaudió con alegría.

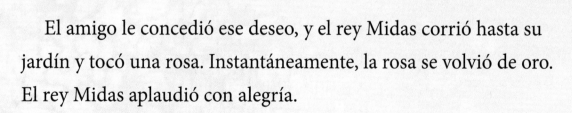

Anna Vojtech

El rey Midas pasó todo el día convirtiendo cosas en oro. A la hora de la cena, tenía hambre y sed. Se sentó a la mesa con su hija y su amigo. El rey tenía la comida y el agua en su mesa de oro. Pero cada objeto que tocaba, se convertía también en oro. El rey se quedó hambriento y sediento.

Entonces, la hija del rey Midas le ofreció su agua. Cuando él trató de agarrar la copa, sin pensarlo, tocó la mano de su hija. De inmediato, ¡la joven se transformó en oro también! Atónito, el rey Midas le rogó a su amigo: "¡Deshaz mi deseo, por favor!". Al ver que el rey había aprendido la lección, su amigo deshizo el deseo. Todos los objetos de oro volvieron a su estado normal. Su hija también.

El rey Midas la abrazó con fuerza. Había perdido su oro, pero había recobrado lo que realmente amaba. Algunas cosas son más valiosas que el oro.

Haz conexiones

En lugar de usar dinero, ¿qué hizo el rey Midas para volverse rico? **PREGUNTA ESENCIAL**

¿Acerca de qué formas diferentes de dinero has leído esta semana? **EL TEXTO Y OTROS TEXTOS**

Danza poética

Quisiera ser **poeta**;

que las flores rimaran al son de mi poesía,

que la lluvia al caer se volviera **armonía**,

que mi voz al salir, se tornara canción.

Milagros Terán

¿? **Pregunta esencial**

**¿Adónde te puede llevar
la imaginación?**

Lee estos poemas que tratan sobre
la imaginación y la creación.

¡Conéctate!

582

BARCO Y SUEÑOS

Mi barquito de papel
no salió de un astillero.
Mi barquito de papel
es producto de mis sueños.

Cobra vida diferente;
viaja iluso por el mundo
ayudando a la gente
a tener sueños profundos.

No se puede cuestionar
ir a la **imaginación**.
Si quieres volar, ¡vuela!
Te lo dicta el corazón.

Francisco Feliciano-Sánchez

Barcos y sueños by Francisco Feliciano-Sánchez from Poemas para niñas y niños. Text Copyright © 2002 by Francisco Feliciano-Sánchez. Reprinted by permission of the author.

Poema

Un poema no es un pájaro,
sino el vuelo de los pájaros.

No es la nube,
sino la canción de las nubes.

Un poema es una casa abierta,
con puertas y ventanas
despiertas.

Un poema no es la flor,
sino el aroma de las flores.

No es un árbol
sino el fruto de los árboles.

Un poema, no es un verso
sino el universo.

Héctor Miguel Collado

Respuesta a la lectura

Resumir

Busca detalles importantes de *Poema*. Usa información de la tabla de punto de vista como ayuda para ordenar tus ideas.

Personaje	Pista	Punto de vista

Evidencia en el texto

1. ¿Cómo sabes que *Barco y sueños* es un poema con rima? Da ejemplos. GÉNERO

2. ¿Qué pares de palabras riman en el poema *Barco y sueños*? ELEMENTOS LITERARIOS

3. En *Danza poética* la poeta quisiera que las flores rimaran. ¿Qué quiso decir? METÁFORA

4. Escribe acerca de la imaginación y la creación. ESCRIBIR SOBRE LA LECTURA

¿? Haz conexiones

¿Qué te imaginas al leer estos poemas? PREGUNTA ESENCIAL

Cada uno de estos poemas describe cómo se siente el poeta. ¿A ti te gusta expresarte en poemas? EL TEXTO Y EL MUNDO

Ilustrado por Marcela Minkévich

Compara los textos
Lee estos dos poemas acerca de ilustraciones.

Burrito

Burrito que yo dibujo,
burrito con cinco colas,
burrito brujo.

En vez de gris, de amapolas
el color con que te hago,
burrito mago.

Y te pinto las estrellas
y la luna sobre el río,
para que sueñes con ellas,
burrito mío.

Una vez que lo he montado
recorremos —al tranquito—
el campo recién pintado,
yo y mi burrito.

Elsa Bornemann

NiDO DE COLORES

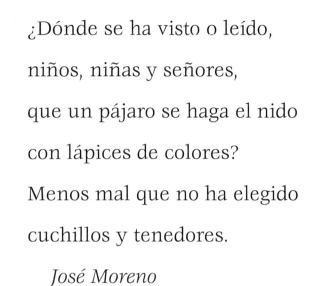

¿Dónde se ha visto o leído,

niños, niñas y señores,

que un pájaro se haga el nido

con lápices de colores?

Menos mal que no ha elegido

cuchillos y tenedores.

José Moreno

¿? Haz conexiones

En estos poemas las **poetas** expresan lo que pueden crear con su **imaginación**. ¿Cómo usa su imaginación la gente para crear cosas? PREGUNTA ESENCIAL

¿Qué otras formas de aplicar la imaginación leíste en los poemas de esta semana? EL TEXTO Y OTROS TEXTOS

Glosario

Un glosario te ayuda a entender los significados de las palabras que probablemente no conozcas en un libro. Las palabras del glosario aparecen en orden alfabético.

Palabras guía

Las palabras guía están en la parte superior de cada página, y son la primera y la última palabra de esa página.

cliente/cuidado

Primera palabra de la página

Última palabra de la página

Ejemplo de entrada

Cada entrada o palabra está dividida en sílabas. Después encontrarás la clase de palabra (por ejemplo, si aparece adj. es adjetivo), seguida de la definición de la palabra y una oración de ejemplo.

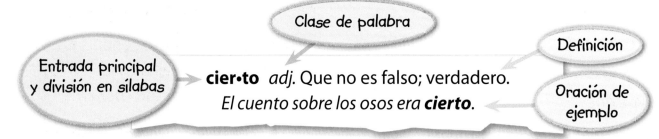

Clase de palabra

Definición

Entrada principal y división en sílabas

cier•to *adj.* Que no es falso; verdadero.
*El cuento sobre los osos era **cierto**.*

Oración de ejemplo

Abreviaturas usadas en este glosario

adj. adjetivo

adv. adverbio

f. sustantivo femenino

m. sustantivo masculino

m. y f. sustantivo masculino y femenino

v. verbo

Aa

ac•ción *f.* Lo que hace alguien. *La valiente **acción** de Tomás hizo que su madre estuviera orgullosa.*

a•ci•ca•lar•se *v.* Limpiarse y arreglarse. *La gata **se acicala**.*

a•co•mo•dar•se *v.* Colocarse, adaptarse o ajustarse a algo. *Todos tuvieron que **acomodarse** en sus asientos antes de empezar.*

a•con•te•ci•mien•to *m.* Algo que sucede. *Ganar el juego fue un **acontecimiento** feliz para nosotros.*

a•cor•dar *v.* Resolver algo varias personas de común acuerdo. *Los estudiantes **acordaron** organizar una fiesta.*

ac•ti•vo *adj.* Que realiza cierta acción o actividad. *En este país hay varios volcanes **activos**.*

a•cu•rru•car•se *v.* Encogerse para protegerse del frío u otra cosa. *A los gatos les gusta **acurrucarse** en un lugar cálido.*

a•dap•tar•se *v.* Acostumbrarse a un lugar o cosa. *Hugo tuvo que **adaptarse** a una escuela nueva.*

a•dul•to *m.* Persona o animal que ha crecido por completo. *El **adulto** estaba a cargo de los niños.*

ad•ver•ten•cia *f.* Aviso que se debe a un peligro. *Oímos la **advertencia** antes de la tormenta.*

a•fue•ra *adv.* Que no está adentro. *Comimos **afuera**, debajo del árbol.*

a•gi•ta•do *adj.* Que tiene mucha actividad; que le falta la respiración. *El perrito **agitado** corría por toda la sala.*

a•la•me•da *f.* Lugar lleno de álamos. *Dimos un lindo paseo por la **alameda**.*

al•de•a *f.* Pueblo pequeño. *El río bordea nuestra **aldea**.*

a•le•jar•se *v.* Tomar distancia, ir lejos. *Nadie quiso **alejarse** de los niños.*

al•re•de•dor *adv.* Que se encuentra rodeando a personas o cosas. *Todos estaban **alrededor** de la chimenea.*

a•mai•nar *v.* Aflojar, perder su fuerza. *El viento finalmente **amainó** y pudimos salir a jugar.*

a•mis•tad *f.* El sentimiento de ser amigos. *Nuestra **amistad** comenzó cuando jugamos juntas al fútbol.*

a•na•quel *m.* Estante. *El **anaquel** de la biblioteca tenía muchos libros viejos.*

a•pa•re•cer *v.* Dejarse ver. *El sol **apareció** por detrás de la nube.*

a•par•ta•do *adj.* Distante, lejano. *El nuevo centro comercial estaba **apartado** de todo.*

a•re•na *f.* Grupo de partículas que se forma cuando se rompe un mineral. *Hay playas donde la **arena** es negra.*

ar•mo•ní•a *f.* Combinación de sonidos simultáneos. *La canción tenía una **armonía** perfecta.*

a•sen•tir *v.* Mover la cabeza de manera afirmativa. *Pedro **asintió** cuando le propusimos jugar.*

a•so•mar•se *v.* Mostrar algo por una abertura. ***Se asomó** por la ventana.*

a•som•bra•do *adj.* Que está maravillado. *El mago dejó **asombrada** a la niña con su truco.*

a•tas•car•se *v.* Taparse algo con un objeto. *La cañería suele **atascarse** con frecuencia.*

au•tor *m.* Persona que escribe o inventa algo. *El **autor** del cuento tenía un propósito.*

Bb

ba•rre•ra *f.* Obstáculo que cierra un paso. *Todos se detuvieron frente a la **barrera**.*

bo•quia•bier•to *adj.* Que está con la boca abierta. *Estaba **boquiabierto** mirando el espectáculo.*

bri•llar *v.* Reflejar luz. *El sol hoy **brilla** fuerte .*

brin•co *m.* Salto, movimiento que se hace levantando los pies del suelo. *Di un **brinco** para ver si tocaba el techo.*

brus•co *adj.* Rápido, repentino. *Mudarse del pueblo a la ciudad fue un cambio **brusco**.*

bu•ce•a•dor *m.* Persona que bucea. *El **buceador** se sumergió para buscar el tesoro.*

Cc

cier•to *adj.* Que no es falso; verdadero. *El cuento sobre los osos era **cierto**.*

ciu•da•da•no, na *m. y f.* Persona que pertenece a un país. *Los **ciudadanos** marcharon para reclamar sus derechos.*

clien•te, ta *m. y f. Persona que compra en una tienda. Los **clientes** de la tienda compran ropa.*

cli•ma *m.* El tiempo que predomina en un lugar. *El **clima** en nuestro estado es fresco y seco.*

com•bi•nar *v.* Unir cosas distintas. *Nos gusta **combinar** muchos ingredientes cuando cocinamos.*

com•pa•ñí•a *f.* Unión o cercanía con otra persona. *Nos gusta tener siempre buena **compañía**.*

com•por•tar•se *v.* Actuar de cierta manera. *Mis padres quieren que **me comporte** de manera educada.*

com•prar *v.* Adquirir, obtener algo con dinero. *Hoy **compraremos** el carro nuevo.*

com•pro•bar *v.* Demostrar que es verdad. *Diego **comprobó** que podía realizar un lanzamiento lejos.*

co•mún *adj.* Que pertenece a todos. *Los estudiantes usan el área **común**.*

con•cier•to *m.* Programa musical. *Luis asisitió a un **concierto** de su banda favorita.*

cons•tan•cia *f.* Perseverancia. *Su **constancia** fue lo que ayudó a tener buenas calificaciones.*

con•ver•tir•se *v.* Transformarse. *En el cuento, el niño podía **convertirse** en un lobo.*

co•o•pe•rar *v.* Trabajar juntos. *Siempre **cooperamos** entre nosotros.*

cor•po•ral *adj.* Relativo al cuerpo. *Los movimientos **corporales** de los gimnastas eran muy elegantes.*

co•rre•te•ar *v.* Correr de un lado a otro. *Los perros **corretearon** en el parque.*

cos•qui•llas *f.* Sensación que provoca risa involuntaria. *Mi hermana me hizo **cosquillas**.*

cos•tar *v.* Que tiene un precio. *El juguete **costó** cinco dólares.*

cos•tum•bre *f.* Usos y hábitos de una determinada nación o persona. *Nos mostraron algunas de sus **costumbres**.*

crí•a *f.* Animal pequeño que se está criando. *La leona tuvo dos **crías**.*

cu•bier•to *adj.* Colocado sobre o encima de algo. *El sofá está **cubierto** de pelos del gato.*

cui•da•do *m.* Mucha atención. *Pat le brinda **cuidado** a su mascota.*

cul•ti•vo *m.* Sembrado, plantación. *En la zona hay **cultivos** de maíz.*

cul•tu•ra *f.* Forma de vida de un grupo de personas. *La clase estudia la* **cultura** *de los zuñis.*

cu•rio•so *adj.* Que quiere conocer cosas. *El gatito* **curioso** *exploró la casa.*

Dd

da•ño *m.* Deterioro; destrucción. *La tormenta causó* **daños** *a mi bicicleta.*

de•ci•dir *v.* Tomar una determinación. *Jorge tuvo que* **decidir** *qué zapatos usaría.*

de•pen•der *v.* Contar con alguien como ayuda. *Puedo* **depender** *de mi mamá para que me ayude con la tarea.*

de•re•cho *m.* Permiso que otorga la ley. *La libertad de expresión es un* **derecho.**

de•sa•rro•llar *v.* Crecer. *Todos los niños se* **desarrollarán** *para convertirse en adultos.*

des•fi•le *m.* Marcha en honor a algo. *El* **desfile** *tenía hombres y mujeres marchando.*

des•ha•cer•se *v.* Eliminar algo. *La familia tuvo que* **deshacerse** *de la antigua mesa.*

des•pe•ja•do *adj.* Que hay espacio. *El cielo estaba* **despejado** *y sin nubes.*

des•pla•zar•se *v.* Moverse de un lugar a otro. *Para ir a la ciudad, había que* **desplazarse** *en tren o en autobús.*

des•truir *v.* Deshacer por completo. *Un terremoto puede* **destruir** *un edificio.*

de•te•ner•se *v.* Parar el movimiento. *El carro no pudo* **detenerse** *porque no funcionaban los frenos.*

di•bu•jar *v.* Hacer una ilustración. *A los niños les encanta* **dibujar** *con crayones en la clase de arte.*

di•cho•so *adj.* Feliz. *Nos sentimos* **dichosos** *con la llegada del nuevo bebé.*

dis•fraz *m.* Vestimenta que se usa para parecer otra persona. *El actor usó un* **disfraz** *en el escenario.*

dis•tan•cia *f.* Espacio que hay entre un lugar y otro. *Desde la* **distancia***, las montañas parecían pequeñas.*

di•vi•sar *v.* Ver a lo lejos. *Mientras viajábamos, pudimos **divisar** las hermosas montañas.*

do•na•ción *f.* Acción de dar algo a alguien. *Recibimos una gran **donación** en nuestra fundación.*

do•ra•do *adj.* Que tiene el color o brillo del oro. *La moneda **dorada** brillaba en el sol.*

Ee

e•lec•tri•ci•dad *f.* Forma de energía. *Usamos la **electricidad** para iluminar nuestro hogar.*

e•le•gir *v.* Seleccionar algo. *Ana **elegió** una de las galletas para comer.*

em•pren•der *v.* Comenzar. *Nos gustaría **emprender** un viaje por el mundo.*

en•cen•der *v.* Comenzar la conexión de algo. *Al **encender** la luz, todos gritaron: "Sorpresa".*

e•ner•gí•a *f.* Capacidad de hacer un trabajo; electricidad. *Los seres humanos obtienen **energía** de los alimentos.*

e•nor•me *adj.* Muy grande. *Los dinosaurios eran criaturas **enormes**.*

en•ten•der *v.* Saber o conocer el significado de algo. ***Entiendo** tu pregunta.*

en•te•rra•do *adj.* Cubierto u oculto bajo la tierra. *El perro tenía un hueso **enterrado** en el patio.*

en•tu•sias•ma•do *adj.* Exaltado de ánimo. *Los jugadores estaban **entusiasmados** con el partido.*

e•qui•po *m.* Grupo de personas con un objetivo común. *Debemos trabajar en **equipo** para lograr hacer el trabajo.*

es•ca•lo•frian•te *adj.* Extraño e inquietante. *Eduardo creía que la **escalofriante** casa estaba embrujada.*

es•ca•par *v.* Salir, huir. *El perro intentó **escapar** por la ventana.*

es•ce•na *f.* Cada parte en las que se divide una obra de teatro. *En la **escena**, había muebles de sala.*

es•pe•so *adj.* Denso, pesado. *El líquido era negro y **espeso**.*

es•pe•su•ra *f.* Lugar lleno de árboles. *El ciervo se ocultó en la **espesura**.*

es•ta•ción *f.* Una de las cuatro partes del año. *Mi **estación** favorita es la primavera.*

es•tan•que *m*. Hueco que se construye para recoger agua. *En el **estanque** había peces de muchos colores.*

es•tu•diar *v*. Tratar de aprender. *Edgardo tiene que **estudiar** para la prueba.*

e•ta•pa *f*. Paso de un proceso. *La oruga es una **etapa** que atraviesa la mariposa.*

ex•plo•ra•ción *f*. Acción de mirar cuidadosamente. *Los buzos realizaron una **exploración** marina.*

ex•plo•tar *v*. Estallar, hacer una explosión. *El neumático **explotará** si le agregas demasiado aire.*

ex•pre•sar *v*. Decir o demostrar. *Puedes **expresarme** tus sentimientos.*

ex•tra•er *v*. Obtener una sustancia. *No pudimos **extraer** el material necesario del suelo.*

Ff

fa•vo•ri•to *adj*. Que gusta más. *El verano es mi época del año **favorita**.*

fi•nal•men•te *adv*. Al final; por último. ***Finalmente**, llegamos a casa a la medianoche.*

fluir *v*. Que corre como el agua. *El río **fluye** a través de la ciudad.*

fuer•za *f*. Algo que mueve o detiene un cuerpo. *La **fuerza** del viento hizo caer el árbol.*

fun•cio•nar *v*. Realizar su trabajo; marchar bien o resultar bien. *El teléfono no **funcionaba**.*

Gg

ga•nas *f*. Deseos. *Tenemos muchas **ganas** de ir de excursión.*

gas•tar *v*. Pagar dinero. *Guillermo **gastará** su dinero en una bicicleta.*

ge•ne•ra•dor *m*. Parte que produce fuerza o energía. *El **generador** no funcionó y nos quedamos sin luz.*

gi•gan•te *adj*. Muy grande. *El camión **gigante** tenía grandes ruedas.*

gus•tar *v*. Agradar, parecer bien. *A Berta le **gustó** mirar el juego.*

Hh

há•bi•tat *m*. Lugar donde vive un animal. *El **hábitat** de la ballena es el océano.*

ha·ma·ca *f.* Tela o red que se cuelga de dos arboles, o dos paredes, y sirve de cama. *A los niños les encanta recostarse en la **hamaca**.*

ham·brien·to *adj.* Que tiene mucha hambre. *Juan estaba **hambriento** después de un largo día de deportes.*

hé·ro·e *m.* Persona admirada por sus virtudes. *El bombero que salvó a la familia es un **héroe**.*

he·rra·mien·ta *f.* Objeto para trabajar. *Rosa arregló el carro con una **herramienta**.*

hi·le·ra *f.* Línea o fila. *Había una larga **hilera** de carros esperando en la calle.*

his·to·ria *f.* Sucesos del pasado. *La **historia** de la ciudad se remonta a muchos años atrás.*

ho·nor *m.* Reconocimiento por una buena acción. *Marcos recibió un premio de **honor** por sus buenas notas.*

hor·mi·gue·ro *m.* Lugar en el que viven las hormigas. *Las hormigas marchaban hacia el **hormiguero** en una fila larga.*

Ii

i·de·a *f.* Pensamiento. *La clase tuvo una **idea** para el proyecto.*

i·dio·ma *m.* Lengua de un grupo de personas. *Elena sabe español y otro **idioma**.*

i·lu·mi·nar *v.* Dar luz, alumbrar. *El sol **iluminaba** el cielo.*

i·ma·gi·na·ción *f.* Capacidad de crear ideas o imágenes nuevas. *Eva usó su **imaginación** para pensar en un cuento.*

im·pa·cien·te·men·te *adv.* Con intranquilidad. *Los amigos esperaron el resultado **impacientemente**.*

in·cre·í·ble *adj.* Que no se puede o es difícil de creer. *La vista de la ciudad desde arriba era **increíble**.*

in·fun·dir *v.* Causar cierta sensación. *Mi mamá siempre nos **infundió** amor.*

in·me·dia·to *adj.* Que sucede enseguida. *Hacía falta una acción **inmediata**.*

in·sis·tir *v.* Mantenerse firme. *Sofía **insistió** en seguir las reglas.*

ins•tru•men•to *m*. Objeto que produce música. *Cada **instrumento** hace un sonido distinto.*

in•ten•so *adj*. Que tiene fuerza o magnitud. *El calor del verano pasado fue muy **intenso**.*

in•ter•ac•tuar *v*. Actuar en conjunto con alguien. *Mi amigo y yo **interactuamos** en la escuela.*

in•ven•tar *v*. Crear por primera vez. *¿Quién **inventó** la computadora?*

is•la *f*. Tierra rodeada de agua. *Papá navegó hacia la **isla**.*

Ll

lec•ción *f*. Aquello que se enseña o se aprende. *Miguel tomaba una **lección** de batería después de la escuela.*

le•ja•no *adj*. Que está lejos en el espacio o en el tiempo. *Esos días de juego ahora parecen **lejanos**.*

li•ber•tad *f*. La capacidad de moverse o de ser libre. *Los halcones pueden volar en **libertad**.*

lo•cal *adj*. De un lugar determinado. *La biblioteca **local** está cerca de nuestra casa.*

lu•gar *m*. Sitio. *Es un **lugar** muy tranquilo para ir de vacaciones.*

Mm

ma•mí•fe•ro *m*. Tipo de animal que después de nacer se alimenta con leche materna. *Un perro es un **mamífero**.*

má•qui•na *f*. Dispositivo hecho de partes que hacen un trabajo. *Esa **máquina** de la fábrica hacía las piezas más pequeñas.*

ma•ra•vi•lla *f*. Suceso extraordinario. *El espectáculo fue una **maravilla**.*

ma•to•rral *m*. Campo lleno de malezas. *El **matorral** era inmenso y espeso.*

me•dir *v*. Hallar el tamaño de algo. *Usé una regla para **medir** la sala.*

me•le•na *f*. Crin del león. *La **melena** del león brillaba bajo el sol.*

me•te•o•ro•ló•gi•co *adj*. Relativo a la ciencia de la atmósfera. *El pronóstico **meteorológico** de la ciudad para ese día no era bueno.*

mi•ga•ja *f*. Fragmento o partícula de pan. *Los niños alimentaban a las palomas con **migajas**.*

mol·de·ar *v.* Dar forma en un molde. *Nos encanta* **moldear** *y hornear galletas.*

mo·les·to *adj.* Que causa o tiene fastidio. *El sonido del mosquito puede ser bastante* **molesto**.

mur·mu·llo *m.* Ruido continuado y confuso. *El* **murmullo** *constante en la sala no dejaba escuchar nada.*

mú·si·ca *f.* Conjunto de sonidos que forman canciones. *A veces, la* **música** *en la casa de al lado está fuerte.*

Nn

na·tu·ra·le·za *f.* Parte del mundo que no fue hecha por personas. *El lago es parte de la* **naturaleza**.

na·ve *f.* Barco; vehículo para viajar por el espacio. *La increíble* **nave** *espacial volaba a gran velocidad.*

ne·ce·si·tar *v.* Ser necesario o imprescindible. *Las plantas* **necesitan** *agua para vivir.*

ni·vel *m.* Altura que alcanza algo. *El* **nivel** *del mar había subido durante la noche.*

noc·tur·no *adj.* Que sucede o aparece durante la noche. *Existen muchos animales* **nocturnos**.

Oo

ob·je·to *m.* Cosa. *Había un* **objeto** *muy interesante en el museo.*

ob·se·quiar *v.* Regalar. *Le* **obsequiamos** *algo muy especial a nuestra maestra en su día.*

o·ri·lla *f.* Línea o lugar donde termina algo. *Los niños corrían por la* **orilla** *del río.*

o·va·cio·nar *v.* Aclamar a alguien con entusiasmo. *La multitud* **ovacionó** *a Pía cuando anotó el gol.*

Pp

pan·za *f.* Vientre o barriga. *Los elefantes tienen una* **panza** *enorme.*

pa·re·ci·do *adj.* Que se parece a otro. *Abel y José son* **parecidos**.

pe·la·je *m.* Pelo de un animal. *Los osos polares tienen* **pelaje** *blanco.*

pe·li·gro·so *adj.* Que no es seguro. *Correr con tijeras es* **peligroso**.

pen•sa•ti•vo *adj.* Que medita. *Estuvo **pensativo** durante toda la tarde.*

per•mi•ti•do *adj.* Que se puede hacer. *Para Daniel no estaba **permitido** jugar a los videojuegos.*

pe•so *m.* Fuerza con la que la Tierra atrae un cuerpo. *El **peso** de la roca hizo que fuera difícil sostenerla.*

pi•la *f.* Generador de corriente eléctrica. *El nuevo juguete funcionaba con **pilas**.*

pla•ta *f.* Dinero. *Ella tiene algo de **plata** para comprar boletos.*

po•e•ta *m.* Persona que escribe poemas. *El **poeta** recitó sus más hermosos poemas.*

po•si•bi•li•dad *f.* Facultad de que algo suceda o exista. *Ya no había ninguna **posibilidad** de ganar el juego porque quedaba poco tiempo.*

pre•cio *m.* Costo. *El **precio** de los artículos es más bajo en las rebajas.*

pre•gun•tar•se *v.* Hacerse una pregunta. *Tim debió **preguntarse** si estaba haciendo lo correcto.*

pre•pa•rar *v.* Organizar algo para luego realizar una actividad. ***Preparamos** nuestras mochilas para la excursión de mañana.*

pre•ser•var *v.* Proteger algo o a alguien. *Debemos **preservar** el medio ambiente.*

pres•ta•do *adj.* Que se tomó y se devolverá más tarde. *Alina se llevó **prestado** mi lápiz.*

pre•ve•nir *v.* Evitar que suceda algo. *Usa un cinturón de seguridad para **prevenir** que te lastimes.*

pro•pie•dad *f.* Cualidad de algo. *Sol describió una **propiedad** de la roca.*

pro•vi•sión *f.* Cantidad de algo que se necesita. *Nuestra **provisión** de alimentos ya casi se acaba.*

Qq

que•ha•ce•res *m.* Pequeñas tareas. *Uno de mis **quehaceres** es hacer mi cama.*

Rr

re•co•lec•tar *v.* Recoger la cosecha; reunir. *Todos los niños ayudaron a **recolectar** las manzanas.*

re•cuer•do *m.* Memoria que se hace de algo del pasado. *Tengo un lindo **recuerdo** de los días en la casa de mis abuelos.*

re•dac•tar *v.* Poner algo por escrito. ***Redactamos*** *las reglas de la clase.*

re•fu•gio *m.* Lugar adecuado para resguardarse. *El **refugio** era pequeño pero habia muchas personas dentro.*

re•gión *f.* Área grande. *Cada **región** de nuestro país tiene muchas ciudades.*

re•gis•tro *m.* Informe de algo que sucede. *La maestra lleva un **registro** de nuestras calificaciones.*

re•gla *f.* Guía para el modo de actuar. *Debes seguir las **reglas** del juego.*

re•la•cio•nar•se *v.* Conectarse con las personas. *A Luis le gusta **relacionarse** con personas nuevas.*

re•pa•rar *v.* Arreglar algo que está roto. *El mecánico puede ayudar a **reparar** el carro de papá.*

re•pre•sen•tar *v.* Interpretar un papel en una obra. *En la obra, **representó** el papel principal.*

res•pon•sa•bi•li•dad *f.* Deber. *Es mi **responsabilidad** decir la verdad.*

re•vi•sar *v.* Ver si algo es correcto o está en buen estado. ***Revisamos*** *que todo estuviera en orden antes de comenzar.*

re•tum•bar *v.* Hacer un gran ruido, resonar. *Mi estómago **retumbó** cuando tuve hambre.*

rit•mo *m.* Los sonidos repetidos en orden. *Escucho el **ritmo** de la canción.*

ro•de•a•do *adj.* Cerrado por todos los lados. *La casa del bosque estaba **rodeada** de árboles.*

Ss

sa•bi•du•rí•a *f.* Buen criterio de saber qué es lo correcto. *Mi abuelo tiene **sabiduría** y siempre sabe la respuesta correcta.*

se•me•jan•za *f.* Parecido, similitud. *Los dos conejos compartían muchas **semejanzas**, como el pelaje marrón.*

sen•tir•se *v.* Hallarse o estar de determinada manera. *Es importante **sentirse** feliz.*

si•len•cio•so *adj.* Que no emite sonido. *El campo es un lugar **silencioso**.*

sím•bo•lo *m.* Aquello que representa algo de la realidad. *La paloma es el **símbolo** de la paz.*

si·nuo·so *adj.* Que tiene ondulaciones y giros. *El camino hacia la casa del abuelo era muy* **sinuoso.**

sis·te·ma *m.* Plan ordenado. *Nuestra familia tiene un* **sistema** *para hacer los quehaceres.*

so·lar *adj.* Relativo al sol. *Algunas casas usan energía* **solar.**

só·li·do *adj.* Firme y duro. *El hielo estaba lo suficientemente* **sólido** *para patinar.*

so·li·ta·rio *adj.* Solo, sin compañía. *Era un hombre* **solitario** *que vivía en la colina.*

so·ni·do *m.* Aquello que se puede oír. *Oímos el* **sonido** *del mar.*

sua·ve·men·te *adv.* De manera lenta, tranquila. *Mi mamá siempre nos acariciaba* **suavemente** *mientras nos contaba un cuento a la hora de dormir.*

sub·te·rrá·ne·o *adj.* Que está debajo de la superficie de la tierra. *Los gusanos hacen túneles* **subterráneos.**

su·fi·cien·te *adj.* Bastante para lo que se necesita. *Las manzanas que había comprado eran* **suficientes** *para hacer el pastel.*

su·su·rrar *v.* Hablar en voz muy baja. *Me* **susurró** *el secreto al oído.*

Tt

ta·llo *m.* Parte alargada de la planta que va desde la raíz hasta la flor u hoja. *El* **tallo** *de esta flor es demasiado largo para este florero.*

ta·ma·ño *m.* Mayor o menor volumen de algo. *El* **tamaño** *debe ser pequeño para que entre en esta caja.*

te·ja·do *m.* Parte superior de un edificio, comúnmente cubierta por tejas. *El gato maullaba en el* **tejado** *y no dejaba dormir a los vecinos.*

tem·pla·do *adj.* Ni demasiado cálido ni demasiado frío. *Nuestro estado tiene un clima* **templado.**

Tie·rra *f.* El planeta en el que vivimos. *Necesitamos cuidar la* **Tierra.**

tra·ba·jo *m.* Ocupación que se realiza por un pago. *Algunas personas tienen* **trabajo** *en la ciudad.*

tra·je *m.* Vestido completo de una persona. *El* **traje** *era especial y muy colorido.*

tras•la•dar *v.* Llevar algo de un lugar a otro. *La grúa puede **trasladar** el carro.*

Uu

u•ni•do *adj.* Junto. *Nuestra ciudad trabajó **unida** para construir un patio de juegos.*

Vv

va•ler *v.* Tener un precio o importancia. *La casa **vale** mucho más en la actualidad.*

va•lo•rar *v.* Reconocer el valor de algo. *Mis padres **valoran** la importancia del estudio.*

ve•ci•no *m.* Alguien que vive cerca. *Mi **vecino** del último piso me invitó a su casa.*

ve•lo•ci•dad *f.* Movimiento rápido. *La **velocidad** de Tasha la ayudó a ganar la carrera.*

ven•ci•do *adj.* Derrotado. *No te des por **vencido**; sigue intentándolo.*

ver•dor *m.* Color verde vivo de las plantas. *El parque y su hermoso **verdor** atraían a miles de personas en los días cálidos.*

ver•sión *f.* Narración o descripción distinta de un mismo suceso. *Su **versión** del cuento nos encantó a todos.*

via•jar *v.* Ir a algún lugar. *Nuestra familia **viaja** a México todos los años.*

via•je *m.* Recorrido largo. *El **viaje** duró muchos días.*

vi•vo *adj.* Lleno de vida o energía. *El patio de juegos es un lugar **vivo** durante el recreo.*